BULLETIN
DE
L'ASSOCIATION LITTÉRAIRE & ARTISTIQUE
INTERNATIONALE
Fondée sous la Présidence d'honneur de VICTOR HUGO

SIÈGE SOCIAL : Hôtel des Sociétés savantes, 28, rue Serpente, Paris

TROISIÈME SÉRIE. — N° 8. — JANVIER 1899.

20ᵉ CONGRÈS INTERNATIONAL — TURIN 1898

Membres protecteurs :

S. M. LE ROI DES BELGES — M. LE PRÉSIDENT DE LA RÉPUBLIQUE FRANÇAISE
S. M. LE ROI D'ITALIE — S. A. R. LE PRINCE DE GALLES
S. A. S. LE PRINCE DE MONACO

Présidents perpétuels :

MM. FRED. BÆTZMANN   MM. NUNEZ DE ARCE
    WILLIAM BOUGUEREAU   JULES OPPERT
    HENRI MOREL   LOUIS RATISBONNE
    NUMA DROZ   PAUL SCHMIDT
    FRANS GITTENS   ROBERT SCHWEIGHEL
    MASSENET   GIOVANNI VISCONTI-VENOSTA
    LADISLAS MICKIEWICZ   BARON DE ROLLAND

Secrétaire perpétuel :
M. JULES LERMINA

BUREAU DE LA SESSION 1898-1899

Présidents :
MM. EUGÈNE POUILLET, DE BORCHGRAEVE, MARCEL PRÉVOST, GIUSEPPE GIACOSA,
EMILE PESSARD, GUSTAV DIERCKS

Vice-Présidents :
MM. MAX NORDAU, ACHILLE HERMANT, ARMAND OCAMPO, GEORGES MAILLARD,
P. WAUWERMANS,
ERNEST EISENMANN, LUCIEN LAYUS, JOSEPH KUGELMANN

Secrétaire général :
M. ALCIDE DARRAS. — *Adjoint :* M. JEAN LOBEL

Secrétaires :
MM. ALEX. DJUVARA, PH. DUNANT, AUG. FERRARI, GRENET-DANCOURT,
E. DE HUERTAS, E. HALPÉRINE-KAMINSKY,
G. HARMAND, J.-F. ISELIN, HENRI LOBEL, MAURICE MAUNOURY,
A. OSTERRIETH, E. RŒTHLISBERGER, A. VAUNOIS, PAUL ŒKER

SOCIÉTÉS AFFILIÉES

Allemagne .	Société des Gens de lettres allemands (Deutsche Schriftsteller Genossenschaft), Berlin.
—	Association générale des Artistes allemands.
—	Munchener Journalisten und Schriftsteller Verein (Munich).
—	Société des Photographes allemands (Weimar).
—	Berliner Presse (Berlin).
Danemark.	Dansk Forfatterforening (Copenhague).
Espagne .	Société des Ecrivains et Artistes espagnols (Madrid).
France	Société des Auteurs et Compositeurs dramatiques.
—	Société des Auteurs, Compositeurs et Editeurs de musique.
—	Société centrale des Architectes français.
—	Caisse de défense mutuelle des Architectes.
—	Société des Artistes indépendants.
—	Société des fabricants de Bronzes d'Art.
Hongrie .	Société des Littérateurs de Buda-Pesth.
Roumanie.	Athénée roumain.
Suisse .	Institut national genevois (section des Beaux-Arts).

Association Littéraire et Artistique
INTERNATIONALE

FONDATEUR
VICTOR HUGO

PRÉSIDENTS PERPÉTUELS

MM. FRÉD. BÆTZMANN
W. BOUGUEREAU
HENRI MOREL
NUMA DROZ
FRANS GITTENS
MASSENET
LAD. MICKIEWICZ
NUNEZ DE ARCE

FONDÉE EN 1878

FONDATEUR
VICTOR HUGO

PRÉSIDENTS PERPÉTUELS

MM. JULES OPPERT
L. RATISBONNE
PAUL SCHMIDT
ROB. SCHWEICHEL
GIOVANNI VISCONTI-VENOSTA
BARON DE ROLLAND

Membres protecteurs :
S. M. LE ROI DES BELGES
M. LE PRÉSIDENT DE LA RÉPUBLIQUE FRANÇAISE
S. M. LE ROI D'ITALIE
S. A. R. LE PRINCE DE GALLES
S. A. S. LE PRINCE DE MONACO

Secrétaire perpétuel : M. JULES LERMINA

COMITÉ EXÉCUTIF (Session 1898-1899)

Présidents :
MM. EUGÈNE POUILLET, DE BORCHGRAEVE, MARCEL PRÉVOST, GIUSEPPE GIACOSA, ÉMILE PESSARD, GUSTAV DIERCKS.

Vice-Présidents :
MM. MAX NORDAU, ACHILLE HERMANT, ARMAND OCAMPO, GEORGES MAILLARD, P. WAUWERMANS,
ERNEST EISENMANN, LUCIEN LAYUS, JOSEPH KUGELMANN.

Secrétaire général :
M. ALCIDE DARRAS. — *Adjoint :* M. JEAN LOBEL

Secrétaires :
MM. ALEX. DJUVARA, PH. DUNANT, AUG. FERRARI, GRENET-DANCOURT,
E. DE HUERTAS, E. HALPÉRINE-KAMINSKY,
G. HARMAND, J.-F. ISELIN, HENRI LOBEL, MAURICE MAUNOURY,
A. OSTERRIETH, E. RŒTHLISBERGER, A. VAUNOIS, PAUL ŒKER.

Troisième Série. — N° 8. — Janvier 1899.

COMPTE RENDU DU CONGRÈS DE TURIN
Du 27 Septembre 1898

SIÈGE SOCIAL
Hôtel des Sociétés savantes, 28, rue Serpente, Paris.

1899

Association Littéraire et Artistique Internationale
Fondée en 1878

SIÈGE SOCIAL :
Paris, Hôtel des Sociétés savantes, 28, rue Serpente.

CONGRÈS DE TURIN
21-27 septembre 1898

Présidents d'honneur :
S. E. M. NASI, *Ministre des Postes et Télégraphes.*
S. E. M. le marquis GUICCIOLI, *Préfet de la province de Turin.*
S. E. M. CASANA, *Syndic de la ville de Turin.*

Présidents :
M. POUILLET. | M. OSTERRIETH.
M. VISCONTI-VENOSTA. | M. GIACOSA.
M. le général TÜRR.

Vice-Présidents :
M. G. MAILLARD. | M. WAUWERMANS.
M. AUGUSTO FERRARI.

Secrétaire perpétuel
M. JULES LERMINA

Secrétaires :
M. DE HUERTAS. | M. RAOUL DE CLERMONT.
M. GEORGES HARMAND. | M. ENGEL.

MERCREDI 21 SEPTEMBRE 1898
SÉANCE D'INAUGURATION

Le mercredi 21 septembre, à deux heures de l'après-midi, l'Association littéraire et artistique internationale a inauguré, en séance solennelle, son vingtième Congrès, à Turin, dans la salle du Sénat du Palais Madame, sous la présidence de S. A. R. Mgr le duc d'Aoste et de M. le président Pouillet; en présence de S. A. R. la princesse Hélène d'Orléans, duchesse d'Aoste, S. A. R. et I. la princesse Lœtitia, S. Exc. M. Nasi, ministre des postes et télégraphes, M. le Préfet de la province de Turin et M. le Syndic de la ville de Turin.

Après un discours de bienvenue de S. Exc. M. le Ministre Nasi et de M. Casana, maire de Turin, les délégués ont répondu. M. Visconti-Venosta, président de la Société des Auteurs italiens ; M. le président Pouillet; M. Chaumat, délégué de M. le Garde des Sceaux de la République française ; M. Desjardin, délégué de M. le Ministre de l'Instruction publique; M. Wauwermans, au nom du gouvernement belge; M. Osterrieth, délégué de la presse allemande ; M. de Huertas, délégué de la Société des Auteurs espagnols;

M. Pfeiffer, délégué de la Société des Compositeurs de musique, et Mme Mary Summer, ont successivement pris la parole.

A trois heures et demie, la séance d'inauguration est levée et la première séance de travail est ouverte sous la présidence de M. le bâtonnier Pouillet.

M. Max Leclerc donne lecture de son rapport sur le code des usages.

Au nom de MM. Templier, H. Belin, Goubaud, Layus, Max Leclerc, Le Soudier, Ollendorff, délégués du Cercle de la Librairie de Paris,

Au sujet d'un *Mémento des règles en usage et points à prévoir dans les rapports entre auteurs et éditeurs,*

Le Congrès de l'Association littéraire et artistique internationale, réuni à Monaco en 1897, votait, à la presque unanimité, dans sa séance du 24 avril, le projet de résolution suivant :

« Le Congrès de l'Association Littéraire et Artistique internationale, prenant acte des déclarations faites par MM. Max Leclerc et Templier, relativement à la constitution d'une Commission internationale, Commission qui sera chargée de rédiger un Code des usages concernant les rapports entre auteurs et éditeurs, passe à l'ordre du jour et met la question à l'ordre du jour du Congrès de Turin. »

Voici le texte de la déclaration lue par M. Templier avant le vote :

« Je vous demande la permission d'appuyer la proposition qui vient d'être lue par M. Max Leclerc, et de vous dire que les éditeurs présents au Congrès y adhèrent entièrement. Je dois ajouter loyalement, pour bien préciser la situation, que nous n'avons pas qualité pour prendre des engagements quant à l'exécution de la formule proposée au vote du Congrès, mais que nous nous engageons à user de toute notre influence auprès de notre corporation pour la faire aboutir.

« Enfin, nous tenons à vous assurer que nous avons un très vif désir de voir se résoudre, d'accord avec vous, la question qui reste en suspens depuis tant d'années. »

Dès leur retour, les éditeurs qui étaient allés à Monaco rendirent compte au Président du Cercle de la Librairie du résultat de leur voyage et de l'engagement qu'ils avaient pris devant le Congrès de faire tous leurs efforts pour amener leurs confrères de tous les pays à étudier et, si possible, à résoudre la question des rapports entre auteurs et éditeurs. La deuxième session du Congrès international des éditeurs allait s'ouvrir quelques semaines plus tard à Bruxelles. L'occasion était tout indiquée. Sur la demande des éditeurs ayant pris part au Congrès de Monaco, le Conseil d'administration du Cercle de la Librairie de Paris décida de saisir le Congrès de Bruxelles par une note exposant les origines et l'état de la question. Cette note se terminait par un projet de résolution ainsi conçu :

« Le Congrès de Bruxelles communique aux syndicats d'éditeurs de tous les pays la note qui précède, rédigée par un certain nombre d'éditeurs français, et leur recommande de constituer dans chaque pays, sur les bases indiquées dans cette note, les commissions nécessaires : 1º pour étudier les éléments d'un Code des usages relatifs aux rapports entre auteurs et éditeurs ; 2º pour nommer ultérieurement des délégués chargés de prendre part aux travaux d'une Commission mixte internationale qui sera saisie des études préparatoires faites dans les différents pays. »

Ce projet de résolution fut voté à l'unanimité par le Congrès dans sa séance plénière du 26 juin 1897.

Dès le mois de juillet, le bureau du Congrès de Bruxelles ayant communiqué au Cercle de la Librairie de Paris, comme à tous les autres syndicats d'éditeurs, cette note et cette résolution, le Conseil d'administration du Cercle nomma immédiatement une Commission composée de MM. Georges Masson, Delalain, Templier, H. Belin, Goubaud, Layus, Max Leclerc, Le Soudier, Ollendorff, c'est-à-dire de tous les anciens présidents du Cercle de la Librairie et de ceux de nos confrères qui avaient pris part au Congrès Monaco.

Cette Commission se réunit pour la première fois le 3 août 1897 et constitua son bureau : MM. Masson, président ; Templier, vice-président ; Max Leclerc, rapporteur ; Ollendorff, secrétaire ; puis, dans de nombreuses et laborieuses séances, elle prépara un projet de « Mémento des règles en usage et points à prévoir dans les rapports entre auteurs et éditeurs. »

Ce projet fut soumis à une première assemblée générale des éditeurs tenue le 17 mai 1898 : tous les genres de librairies y étaient représentés et les questions furent examinées au point de vue des diverses natures des publications. Cette assemblée, après deux séances, adopta un texte de Mémento des usages.

Ce résultat une fois acquis, la Commission des éditeurs en informa le Comité de la Société des gens de lettres et lui demanda de nommer des délégués pour examiner et discuter le projet avec les délégués des éditeurs. Ce qui fut fait. La Commission mixte se trouva composée de MM. Alfred Duquet, vice-président du Comité de la Société des gens de lettres ; Marc Mario, le comte de Moüy, Marcel Prévost, membres du Comité ; et de MM. Armand Templier, ancien président du Cercle de la Librairie ; Paul Ollendorff et Max Leclerc, membres du Cercle. Après trois séances de discussions approfondies, la Commission mixte se mit d'accord sur un texte.

Ce texte fut adopté ensuite sans modifications, à l'unanimité, et rendu ainsi définitif, d'une part, par le Comité de la Société des gens de lettres dans sa séance du 5 juillet 1898 et, d'autre part, par une dernière assemblée générale des éditeurs tenue le 7 juillet.

Ces résultats furent transmis au Conseil d'administration du Cercle de la librairie, qui les ratifia dans sa séance du 22 juillet, et leur donna la plus complète approbation.

Nous reproduisons ci-après le texte de ce Mémento, qui sera désormais le guide pratique auquel se référeront auteurs et éditeurs français pour régler leurs rapports entre eux. Nous ajouterons, au nom des éditeurs qui prirent part au précédent Congrès de l'Association, que nous éprouvons une réelle satisfaction, et d'autant plus vive qu'elle nous a coûté de plus longs efforts, à nous trouver en mesure d'annoncer au Congrès de Turin que les engagements pris à Monaco ont été tenus grâce au concours de la Société des gens de lettres et du Cercle de la librairie, et qu'en France désormais l'accord est établi entre auteurs et éditeurs.

En ce qui concerne l'action internationale, nous rappelons que, sur notre initiative, le Cercle de la librairie de Paris a saisi de la question le Congrès international des éditeurs en 1897, et que le bureau de ce Congrès, à son tour, a invité toutes les corporations d'éditeurs à préparer une entente avec les auteurs de leurs pays respectifs. Nous savons que ce travail a été commencé de divers côtés et nous espérons que des résultats définitifs pourront être communiqués au prochain Congrès international des éditeurs, à Londres, en 1899.

De ce côté encore, nous pouvons dire que nous avons accompli la tâche que nous nous étions imposée.

Voici maintenant le texte du *Mémento des règles en usage et points à prévoir dans les rapports entre auteurs et éditeurs* élaboré par une commission mixte composée de MM. Alfred Duquet, vice-président du Comité de la Société des gens de lettres, Marc Mario, le Comte de Mouy, Marcel Prévost, membres du Comité de la Société des gens de lettres, — délégués de cette Société ; et de MM. Armand Templier, ancien président du Cercle de la librairie, Paul Ollendorff et Max Leclerc, membres du Cercle de la librairie, délégués des éditeurs, et adopté par le Comité de la Société des gens de lettres dans sa séance du 5 juillet 1898, et par l'Assemblée générale des éditeurs dans la réunion du 7 juillet 1898 (ratifié par le Conseil d'administration du Cercle de la librairie de Paris le 22 juillet 1898).

Il est recommandé aux auteurs et aux éditeurs de faire un traité avant toute publication, et de s'inspirer, pour la rédaction de ce traité, des indications suivantes :

ARTICLE PREMIER. — Cession de la propriété de l'œuvre par l'auteur à l'éditeur. L'auteur garantit la propriété de l'œuvre à l'éditeur. — Modes de cession : avec ou sans réserves. — Durée du traité : limitée ou illimitée. (Dans ce dernier cas, prévoir la prolongation de la propriété littéraire résultant d'un changement dans la législation.)

ART. II. — Caractère et étendue de l'œuvre ; son titre. — Format de l'ouvrage : nombre de feuilles, illustrations, etc.

ART. III. — L'auteur s'engage à livrer le manuscrit en forme pour l'impression : délai pour la livraison. — L'éditeur s'engage à publier : délai pour la publication.

ART. IV. — Aucune modification ne peut être apportée à l'œuvre sans autorisation expresse de l'auteur ; il en est de même de toute addition sous forme de notes ou de préface.

ART. V. — Lecture et correction des épreuves ; bon à tirer de l'auteur : éventuellement fixer la limite des frais de correction à supporter par l'éditeur.

Art. VI. — Chiffre de tirage de la première édition, et, si l'éditeur n'a pas la faculté illimitée de réimprimer, nombre d'éditions autorisé, ou durée du droit de réimpression.

Art. VII. — A défaut de stipulations spéciales, le prix de vente et la date de la mise en vente sont fixés par l'éditeur.

Art. VIII. — Honoraires de l'auteur : taux de ces honoraires. — Modes de cession : 1° cession pour une somme déterminée, payable en une ou plusieurs fois ; 2° cession moyennant un droit d'auteur, payable soit d'après le chiffre du tirage, soit d'après la vente.

Epoques de l'établissement des comptes et de leur règlement.

En cas d'honoraires d'après le tirage ou la vente, l'éditeur, sur la demande de l'auteur, lui fournit justification par ses livres de fabrication et de magasin.

Art. IX. — Fixation du taux des mains de passe.

Fixation du nombre d'exemplaires à remettre gratuitement à l'auteur.

Mode de lancement : exemplaires de presse, prospectus, annonces, etc., etc., à la charge et à l'appréciation de l'éditeur.

Stipulations relatives aux exemplaires distribués gratuitement ou cédés avec une remise exceptionnelle, dans un but de propagande, à certaines catégories de personnes.

Art. X. — Réimpressions : en cas de réimpression, l'éditeur tire l'ouvrage à autant d'exemplaires qu'il le juge utile ; il avise l'auteur du chiffre du nouveau tirage, dans le cas de droits d'auteur d'après le tirage ou la vente.

Prévoir le cas où l'éditeur cesserait de réimprimer et le délai dans lequel l'auteur reprendrait alors la libre disposition de son œuvre.

Art. XI. — Corrections ou modifications lors d'une réimpression : cas où les frais sont à la charge de l'éditeur ; — cas où ils sont à la charge de l'auteur.

Dans le cas où l'auteur désire apporter des modifications ou faire des corrections à son livre, il est loisible à l'éditeur de les refuser, s'il juge ces modifications de nature à nuire à la vente de l'ouvrage ou à en changer le caractère.

Pour les ouvrages qui doivent être tenus à jour, prévoir le cas où l'auteur serait dans l'impossibilité ou refuserait de faire le travail.

Art. XII. — Droit d'éditer l'œuvre sous des formes différentes : accordé ou réservé. Modes à régler.

Art. XIII. — Traduction, adaptation et reproduction du texte : réservées ou accordées par l'auteur (1).

---

(1) *Extrait du règlement intérieur de la Société des gens de lettres en ce qui concerne le droit de reproduction :*

« Art. 33. — Lors même qu'un sociétaire vend à un éditeur son œuvre en toute propriété, cette vente ne peut comprendre le droit d'autoriser la reproduction dans des journaux ou recueils périodiques, quelle que soit la forme de la

Dans ce dernier cas, entente pour l'attribution des produits obtenus.

Art. XIV. — A moins de stipulation contraire, l'auteur n'a pas le droit d'insérer l'ouvrage, déjà cédé à un éditeur, dans une édition de ses œuvres complètes.

Art. XV. — Prévoir l'éventualité où la publication serait rendue impossible ou sans raison d'être par un cas de force majeure.

Art. XVI. — En cas de traité à temps, prévoir la question du dernier tirage et de l'emploi des exemplaires restants à l'expiration du traité.

Dans le cas où l'auteur traiterait avec un autre éditeur, si le premier et le second éditeurs ne s'entendaient pas pour la reprise des empreintes et des clichés du texte, l'auteur peut en exiger la destruction.

Art. XVII. — A moins de stipulations contraires, les dessins, gravures, clichés, etc., exécutés aux frais de l'éditeur, sont sa propriété et il peut en disposer à son gré.

Art. XVIII. — Ouvrages commandés par l'éditeur sur un plan fourni par lui, ou publications dont l'éditeur a la direction : la propriété pleine et entière appartient à l'éditeur, qui a le droit absolu d'en disposer, à moins de stipulations contraires.

Art. XIX. — Traités en compte de participation.

— Traités en compte de dépôt : fixer la durée de l'opération.

M. Pouillet ouvre la discussion en faisant remarquer que le Code des usages n'est présenté au Congrès qu'à titre de communication et qu'il a été fait en collaboration avec la Société des gens de lettres.

M. Desjardin demande l'ajournement de la discussion jusqu'à distribution du rapport imprimé à tous les membres du Congrès.

M. Ferrari informe qu'un Code des usages a été rédigé par les éditeurs et les auteurs en Italie.

M. Poulain demande pourquoi on ne sanctionne pas la discussion par un vote.

M. le Président lui explique que le rapport n'est qu'une communication.

M. Harmand fait observer que l'article 6 est en contradiction avec l'article 10 au sujet du bon à tirer collectif.

M. le Président, sur la réclamation d'un grand nombre de congressistes qui n'ont pas le texte du rapport, ajourne la discussion à la séance suivante.

Il donne lecture de la dépêche que M. Castori adresse de Padoue à l'Association pour l'informer qu'il regrette vivement d'être empêché de se rendre au Congrès et d'une autre lettre de M. Alfred Normand, membre de l'Institut, président de la Caisse de défense mutuelle des architectes français, déléguant au Congrès M. Georges Harmand et M. Charles Lucas.

La séance est levée à quatre heures.

---

première publication : ce droit n'appartient plus à l'auteur qui l'a apporté dans la Société. Cette vente ne saurait non plus donner à l'éditeur aucune participation au prix de la reproduction, qui reste tout entière dans le domaine de la Société. »

VENDREDI 23 SEPTEMBRE 1898

MATIN

Le vendredi 23 septembre 1898, sous la présidence de M. Pouillet, la séance est ouverte à neuf heures et demie du matin.

M. LE PRÉSIDENT informe le Congrès qu'il a reçu une lettre de M. Davanne qui, retenu chez lui, a le vif regret de ne pouvoir se rendre au Congrès.

M. MAILLARD a la parole.

Il expose et développe le rapport de M. Soleau sur la propriété des dessins et modèles d'art appliqués à l'industrie.

Il termine en demandant au Congrès de voter le vœu suivant :

« Qu'il soit reconnu, par toutes les législations, que toutes les œuvres des arts graphiques et plastiques soient également protégées, quels que soient le mérite, l'importance, l'emploi et la destination, même industrielle, de l'œuvre et sans que les cessionnaires soient tenus à d'autres formalités que celles imposées aux auteurs. »

M. Bosio dit qu'il s'associe au vœu exprimé par le rapporteur, mais il demande d'insérer dans le vœu de M. Soleau, pour faciliter l'adoption par la législation italienne, une addition laissant une latitude plus grande aux tribunaux pour juger la qualité artistique de l'œuvre.

M. FERRARI donne des explications sur la législation italienne et informe que la loi sera prochainement modifiée sur cette matière. Il développe la discussion sur la photographie, sur la protection à laquelle elle a droit ; il s'oppose formellement à la modification demandée par M. Bosio.

M. G. HARMAND est de l'avis de M. Ferrari, et de M. G. Maillard ; il demande pourtant l'addition au vœu du terme « toute œuvre originale », faisant application aux œuvres d'art employées par l'industrie du critérium qu'il a proposé pour l'architecture.

Il indique que ce mot « œuvre originale » désigne celle qui a été créée par l'artiste par son travail personnel et qui présente un caractère personnel — original est le contraire de contrefait.

M. Bosio répond aux deux orateurs précédents en disant qu'il ne veut pas élargir les attributions du Tribunal ; il s'associe au vœu de M. Soleau.

M. DESJARDIN discute et combat la proposition de M. Harmand et approuve le vœu de M. Soleau dans le fond et dans la forme.

M. Rory trouve qu'il y a idée lorsque l'œuvre exécutée par l'artiste ne ressemble à aucune autre : il est d'avis qu'il faut ajouter le mot « original » parce qu'il trouve que ce mot exprime un effort intellectuel, ce qui rentre dans la pensée du vœu.

M. Ferrari combat l'addition du mot « original » et maintient la formule de M. Soleau.

M. Tasset trouve qu'il y a distinctement une propriété industrielle et une propriété artistique et qu'il est bon de laisser ces deux différences très tranchées ; il n'admet pas la photographie comme un art et demande l'addition du mot « original ».

M. Osterrieth s'oppose à l'insertion du mot « original », qui serait susceptible d'interprétations diverses et dangereuses.

M. Pesce trouve que le mot artistique signifie création et que le mot original a son utilité et une signification spéciale qu'il est bon d'ajouter.

M. Harmand maintient l'addition du mot original.

M. G. Maillard combat la proposition de M. Harmand ; il trouve que le mot n'est pas nécessaire, qu'il serait dangereux, qu'on ne doit pas l'ajouter.

L'amendement est rejeté et la formule de M. Soleau est adoptée à la majorité.

M. le Président donne lecture d'une lettre qui lui est adressée par les éditeurs pour l'informer qu'ils apportent leur rapport au Congrès comme simple communication et non comme base d'une discussion.

M. Desjardin propose un remerciement aux éditeurs pour l'œuvre excellente que les éditeurs ont présentée.

M. Ferrari présente quelques observations sur les articles du projet de Code des usages.

M. Templier explique que c'est à titre documentaire que les éditeurs présentent leur rapport au Congrès.

M. G. Harmand présente une observation sur le bon à tirer et sur l'article 14 du projet. Il propose une autre rédaction de cet article.

M. Lermina fait remarquer que nous ne devons pas discuter le projet de Code qui est déposé sur le bureau à titre purement documentaire et de communication.

M. Templier fait observer que le 5 juillet le projet de Code des usages a été adopté par la Société des gens de lettres.

M. Lermina demandant quelques explications sur l'intervention de la Société des gens de lettres de France, M. Mack explique au nom de M. Montagne et au sien que le Comité de la Société des gens de lettres a, en effet, sans qu'on puisse dire qu'il a ratifié un contrat, adopté le travail de sa Commission dans sa séance du 5 juillet 1898.

M. Trèves informe l'Association qu'il fera traduire en français le projet de Code des usages élaboré par les libraires italiens et en donnera de suite communication au Congrès.

M. Harmand propose l'ordre du jour suivant :

« Le Congrès, prenant acte de la communication qui lui est faite

« du Mémento des usages dans les rapports entre auteurs et édi-
« teurs, remercie les éditeurs français, souhaite que le bon à tirer
« collectif demeure usuel, et que dans l'article 14, l'auteur puisse
« réunir ses œuvres complètes, mais à la condition de ne pouvoir
« les vendre en détail. »

MM. Desjardins et Ferrari présentent une observation sur la proposition d'ordre du jour.

M. le Président propose l'ordre du jour suivant :

« Le Congrès, prenant acte de la communication qui lui est
« faite, et par les éditeurs français et par M. Trèves, au nom des
« éditeurs italiens, les remercie de leur communication et continue
« l'étude du Contrat d'édition. »

La proposition est adoptée et la séance est levée à onze heures trente-cinq.

VENDREDI 23 SEPTEMBRE 1898

SOIR

La séance est ouverte à deux heures sous la présidence de M. Eug. Pouillet, assisté de MM. Giacosa, Chaumat et Wauwermans.

Le procès-verbal de la séance de vendredi matin est lu par M. de Clermont et adopté.

M. le Président lit diverses dépêches qui viennent de lui parvenir. L'une est de M. le ministre de l'Instruction publique Baccelli, qui, regrettant de n'avoir pu assister à l'inauguration du Congrès, adresse un salut aux congressistes et ses vœux pour les résultats du Congrès.

M. le Président annonce que diverses Sociétés, celle des *Amis des Beaux-Arts de Rome*, celle des *Ingénieurs et Architectes de Toscane*, ont nommé des délégués au Congrès, MM. Vincenzo Moraldi et Farodi.

La Société des *Ingénieurs et Architectes de Bologne* envoie ses souhaits de succès pour le Congrès.

La parole est donnée à M. Jules Lermina pour l'exposé de son rapport sur le droit moral.

Il indique l'importance de cette question et pose ce principe que nul n'a le droit de toucher à l'œuvre de l'auteur que lui-même.

Il peut bien céder son droit sur les produits de son œuvre : il ne peut céder son cerveau et les idées qu'il en tire. A supposer que l'auteur cède à un tiers le droit de transformer son œuvre, en cela, il abuse de son droit et avilit sa dignité.

Pour regrettable que cela soit, sa volonté manifestée le dépouille de son droit moral, mais il s'agit de l'auteur qui a mis sa pensée dans une œuvre sans avoir manifesté expressément la volonté que cette œuvre puisse être modifiée. Personne ne peut toucher à ce qu'il a ainsi produit. Cet auteur a pu constituer, avec ce travail, au point de vue pécuniaire, un patrimoine pour ses héritiers. Mais ceux-ci ne doivent pouvoir y apporter de modifications. Il cite l'exemple du dictionnaire Littré-Robin.

Evidemment, cette théorie de pure justice est contraire aux règles qui président à la transmission par héritage et confèrent aux ayants droit la complète propriété des choses, avec droit d'user et d'abuser. Mais il y a pour la raison, pour la probité de l'art, quelque chose d'anormal dans ce fait de l'héritier pouvant modifier l'œuvre qu'il a héritée, en changer l'esprit et les tendances, pouvant même, s'il le veut, user de la propriété du nom de l'auteur pour signer des œuvres que celui-ci n'a pas écrites.

M. Lermina propose d'assimiler toute modification faite par un tiers ou un héritier à une contrefaçon, et de déclarer que cet acte est un délit. Quant à déterminer qui aura la garde du patrimoine artistique général, cela n'est pas en question quant à présent ; il importe de proclamer au Congrès qu'il y a là une mauvaise action.

C'est également une mauvaise action de mettre à une statue des accessoires sans valeur artistique, de la faire restaurer par un maçon.

Peu importe qu'il n'y ait pas, dès à présent, de sanction pénale, cela viendra plus tard et regarde les juristes. Ce Congrès n'a, quant à présent, qu'à proclamer que c'est un acte contraire au droit moral de l'auteur, droit qui subsiste, même après sa mort.

M. Lermina rend compte, en terminant, de la proposition de M. Baume, relativement aux droits de la femme divorcée. La question se pose pour M. Lecocq qui vient de divorcer. Le Tribunal a accordé à la femme divorcée de Lecocq des droits de propriété sur l'œuvre en partage égal avec son mari, parce que les œuvres ont été créées pendant la communauté. M. Lermina proteste contre les droits accordés à la femme. Il ne va pas jusqu'où irait M. Baume qui se refuse à ce que la femme touche une part des droits à percevoir après la dissolution du mariage, mais il entend bien que le droit de modifier l'œuvre ne puisse jamais lui être reconnu dans une part quelconque.

Il termine en déclarant qu'en fait le droit moral est à part et au-dessus de ce qu'on appelle communément la propriété artistique.

M. Ferrari a la parole sur la position de la question. Il conteste la terminologie employée par M. Lermina. Il voudrait que l'on se préoccupât surtout des conséquences de la propriété artistique après la mort de l'auteur.

Il adopte à cet égard les idées de M. Lermina : mais il ne voit pas l'utilité de la définition donnée par celui-ci. Il lui semble que dire que pendant la vie de l'auteur comme après sa mort personne autre que l'auteur ne peut toucher à l'œuvre ni la modifier suffit à tout.

M. GILBERT-AUGUSTIN THIERRY voudrait dès à présent une définition de la propriété littéraire et artistique, puisque, selon M. Lermina, le droit moral est quelque chose de nouveau et de tout différent.

M. LE PRÉSIDENT renvoie à la discussion générale l'énoncé de ce point.

M. MACK, comme corapporteur, a la parole. Il compare la propriété ordinaire et la propriété littéraire et artistique; il constate des différences juridiques ; mais les deux propriétés partent du même principe : assurer à des individus les profits et avantages matériels d'une chose ou d'une œuvre intellectuelle.

Comme aucune œuvre intellectuelle littéraire ou artistique n'est identique à une autre déjà existante, il y a lieu de proclamer que cette propriété est différente en ce qu'elle est essentiellement personnelle à l'auteur.

En conséquence, il admet que le droit de l'auteur sur son œuvre subsiste après lui en ce qui le représente, ses héritiers, ou même sa mémoire ou sa gloire seulement.

L'auteur a, de son vivant, le droit de modifier son œuvre, il aura même le droit de déterminer entre plusieurs versions de l'œuvre celle qu'il aura considérée comme représentant mieux sa conception.

Après lui le public aura le droit de préférer une de ces versions, mais ne peut toucher ou modifier aucune de ces expressions de sa pensée.

De même pour M. Mack que pour M. Lermina, les héritiers n'ont pas le droit de modifier l'œuvre plus que le public.

M. MACK indique qu'il se réserve d'exposer ensuite ce qui, dans le rapport collectif, touche au droit pécuniaire.

M. FERRARI indique que l'homme existant dans la société ne peut se soustraire aux droits du domaine public. S'il faut admettre que l'auteur peut seul modifier son œuvre de son vivant, il fait des réserves au surplus.

M. TRÈVES voudrait encore des restrictions sur les conclusions de M. Ferrari.

M. CORSI tente de limiter ce que l'on pourrait admettre des propositions de M. Lermina en présence des objections des précédents orateurs ; il est d'avis que l'auteur peut autoriser un tiers à modifier son œuvre.

Il signale que certaines productions intellectuelles, les encyclopédies, les ouvrages d'enseignement, doivent être modifiées pour être tenues au courant. Selon lui, il pourrait même y avoir des circonstances nécessaires qui obligent à certaines modifications, comme de rendre plus commerciale une œuvre laissée par l'auteur, ou l'indication des nouvelles versions de l'œuvre alors connue.

Mais l'orateur reconnaît que certaines modifications peuvent être des tromperies à l'égard du public. Dès lors, s'il ne peut consentir à l'interdiction de toute modification de l'œuvre, il reconnaît que l'obligation s'impose pour le modificateur d'indiquer le remaniement qu'il a exécuté.

M. LERMINA réplique qu'il y a dans la discussion une confusion. Il ne déclare pas qu'il est impossible de modifier une œuvre. L'auteur peut modifier son œuvre comme la détruire, mais il peut déléguer à quelqu'un le droit de modifier son œuvre, et cela résulte de la stipulation consentie par l'auteur.

M. Lermina veut qu'à défaut de stipulation formelle à cet égard il ne puisse être alors fait aucune modification de l'œuvre.

M. POULAIN consent à la suppression dans les œuvres dramatiques de certains actes, de certaines scènes qui peuvent nuire au succès de l'œuvre ; il ne voit comme nécessaire que l'obligation de prévenir le public de ces *ablations*.

L'orateur voit que la préoccupation de M. Lermina est relative à la modification des œuvres philosophiques, à la transformation d'œuvres comme le dictionnaire Littré-Robin. Il pense qu'il y a là du vrai, mais il ne voit pas d'inconvénient à couper dans les mémoires du XVIIIe siècle ce qui est trop long, ce qui empêcherait d'avoir ce qu'il appelle une *littérature portative*.

M. DESJARDIN admet aussi les remaniements faits par les héritiers, à la condition d'en avertir le public.

Il ne voit d'intérêt qu'à la sanction des remaniements non déclarés.

Selon lui, il ne faut pas définir la propriété littéraire ou artistique ; on a dit qu'elle était plus grande que la propriété ordinaire, pour lui cela est inexact, elle est peut-être sacrée : elle n'est pas plus grande parce que toutes les deux contiennent le *jus utendi et abutendi*.

M. MAILLARD veut éviter toute discussion théorique ; il pense que la première partie de la proposition de M. Lermina doit être laissée de côté. Le droit pour l'auteur d'empêcher toute reproduction et toute modification de l'œuvre passe aux héritiers, celui de faire des modifications à l'œuvre ne doit passer à personne, il est personnel à l'auteur.

L'héritier, pourtant, pourra toucher à l'œuvre ; il faut alors rechercher dans quelle mesure celui-ci pourra le faire. M. Lermina l'a déjà dit et on ne lui a demandé rien de plus que ce qu'il accorde dans le troisième paragraphe de sa proposition.

Il propose un texte ainsi conçu :

« Les héritiers ou ayants droit de l'auteur ne peuvent apporter à l'œuvre aucun changement, addition, remaniement ou retranchement. Les modifications doivent être indiquées de façon claire et explicite. »

M. GILBERT-AUGUSTIN THIERRY proteste contre les déclarations des précédents orateurs. Il soutient énergiquement le premier paragraphe de la proposition de M. Lermina.

M. POINSARD voudrait que les ouvrages scientifiques puissent être modifiés pour être tenus au courant des besoins de l'enseignement ou des trouvailles de la science.

M. HARMAND pense que dire que des héritiers pourront modifier une œuvre littéraire ou artistique, c'est laisser commettre un acte malhonnête. Faire des coupures pour renouveler une pièce de théâtre, faire, comme dit M. Poulain, une littérature portative avec des ouvrages raccourcis est aussi inadmissible que compléter une œuvre artistique.

Pour une œuvre artistique, les héritiers qui oseraient mettre en vente une œuvre qu'ils avoueraient avoir complétée verraient se manifester dans le public une opinion qui leur donnerait une leçon qu'ils n'oublieraient pas.

Quelle différence y a-t-il pour les œuvres littéraires ?

Sans doute des héritiers qui osent modifier l'œuvre de leur auteur témoignent d'une estime bien insuffisante de celui dont ils tiennent leur gloire ou leur considération dans le monde.

M. PESCE proteste contre l'idée de M. Poinsard de modifier la définition de l'air, donnée par Lavoisier, sous prétexte que des découvertes postérieures ont ajouté de nouveaux éléments à ceux qu'il avait constatés.

M. FERRARI revient sur le danger de faire une définition du droit moral.

M. MACK soutient la proposition de M. Lermina; s'il y ajoute la proposition de M. Maillard, il ne peut consentir à laisser de côté les deux premiers paragraphes.

M. LERMINA déclare que toute formule lui est égale. Il ne veut qu'obtenir une reconnaissance de l'impossibilité de faire aucune modification sans en faire tout au moins la déclaration précise et publique.

La discussion est close sur le premier paragraphe du droit moral.

La proposition de M. Maillard à laquelle M. Corsi se rallie, celle de M. Mack qui est celle donnée au début par M. Lermina, celle de M. Osterrieth vont être mises aux voix.

Proposition de M. Corsi :

« Le droit de l'auteur d'une œuvre littéraire ou artistique d'apporter des changements, additions, remaniements à son œuvre, est un droit essentiellement *personnel* qui ne peut être exercé par ses ayants cause pendant sa vie ou après sa mort sans son autorisation expresse. »

Proposition de M. Osterrieth :

« Supprimer dans les conclusions de MM. Lermina et Mack le premier paragraphe. »

La première soumise aux voix est celle de M. Maillard.

Toutefois, M. FERRARI voudrait compléter la proposition de M. Maillard en prévoyant le cas où l'auteur est décédé sans avoir manifesté un consentement exprès ou implicite de modifications de son œuvre

M. MAILLARD explique que le principe est que l'héritier ne peut pas toucher à l'œuvre.

La proposition sera mise aux voix sauf rédaction.

M. POUILLET propose une nouvelle rédaction : ajouter *sans le consentement exprès ou tacite de l'auteur*.

La proposition de M. Maillard reprise par M. Lermina et ainsi conçue :

« Les héritiers ou ayants droit de l'auteur ne peuvent apporter à son œuvre, sans son consentement, exprès ou tacite, aucun changement, addition, remaniement ou retranchement. Les modifications doivent, d'ailleurs, toujours être indiquées d'une façon claire et précise, » est mise aux voix. Un vote émis est annulé.

La proposition est à nouveau remise aux voix. M. OSTERRIETH demande la division.

M. PESCE demande la suppression du mot *tacite*.

Sur la première partie la proposition est adoptée par 17 voix, 13 se prononcent contre et 7 pour la suppression du mot *tacite*.

La seconde partie est adoptée par 15 voix contre 3.

L'ensemble est adopté par 15 contre 12.

La séance est close à cinq heures.

SAMEDI 24 SEPTEMBRE 1898

MATIN

La séance est ouverte à neuf heures.

Présidents : MM. Pouillet, Wauwermans, Giovanni Visconti-Venosta.

Ordre du jour : Continuation de la discussion des rapports Mack-Lermina-Baume.

M. MACK développe la seconde partie de son rapport sur la question de la sanction du droit moral.

En analogie avec le délit de tromperie sur la nature des marchandises, il serait possible de définir un délit qui ne constituerait pas précisément une contrefaçon, mais une atteinte spéciale qui serait assimilée à ce délit.

Toute personne pouvant établir qu'elle a souffert de cette atteinte pourrait porter plainte auprès du ministère public et quiconque pourrait justifier d'un intérêt quelconque pourrait se constituer partie civile.

M. AMAR est d'accord avec M. Mack qu'il ne peut être question d'un délit de tromperie, qui est punissable d'après la loi italienne, lorsqu'on déclare que l'œuvre a été modifiée. Mais, à son avis, il n'y aurait personne qui pourrait faire prévaloir ces droits puisqu'il n'y a que l'auteur qui soit lésé. Il approuve une sanction pénale, les poursuites par le ministère public, mais il s'oppose aux revendications civiles.

M. WAUWERMANS fait remarquer que dans les législations belge et luxembourgeoise et dans d'autres, existe la protection des auteurs décédés par la défense d'apposer à une œuvre d'un auteur mort une fausse désignation.

Il y a des poursuites d'office, sans nécessiter l'intervention d'une partie civile. Il ne s'agit pas d'un délit de droit commun, mais d'un délit d'ordre particulier, établi pour la protection des œuvres d'auteurs décédés.

Il existe déjà, d'ailleurs, des lois qui interdisent, sous des sanctions pénales, la mutilation d'une œuvre.

L'orateur est donc d'avis qu'il faudrait donner au droit moral une sanction pénale.

M. FERRARI pense qu'il y a lieu dans certains cas d'admettre la partie lésée à se constituer partie civile. A côté de la poursuite du ministère public, on peut concevoir une poursuite au civil. Car, même après la mort d'un auteur, il y a des parties qui peuvent être lésées par une atteinte portée au droit moral. Ce sont les héritiers auxquels passe dans un certain sens le droit moral.

M. MACK demande à M. Ferrari qui se porterait partie civile dans le cas où l'atteinte au droit moral viendrait des héritiers eux-mêmes.

M. FERRARI pense que les ayants cause de l'auteur pourraient avoir aussi un intérêt à poursuivre ces atteintes. En tous cas, il y aurait, en premier lieu, le ministère public.

M. MAILLARD rappelle que le texte voté à la séance du 23 rendrait impossible toute modification d'une œuvre.

Il faudrait donc se borner à punir uniquement les mutilations, les modifications qui faussent la pensée, qui dénaturent l'œuvre de l'auteur.

Pour cette raison M. Maillard propose la formule suivante :

« Toute publication qui constituera une dénaturation de l'œuvre devra être réprimée comme délictueuse même après l'expiration du droit exclusif de l'auteur. »

M. CORSI cite la loi française sur la presse qui prévoit déjà la poursuite d'office et l'action civile dans des cas analogues. On pourrait donc laisser intervenir, dans le cas d'une atteinte portée au droit moral, le ministère public.

L'orateur s'associe à la proposition de M. Maillard.

M. Poulain critique la rédaction votée à la dernière séance. Il pense qu'on devrait ajouter le critérium de mauvaise foi par l'insertion du terme « frauduleux ».

Il propose la formule suivante :

« Toute modification ou atteinte frauduleuse portée au droit moral de l'auteur constitue un délit. »

M. Pouillet fait remarquer à M. Poulain que tout délit suppose la mauvaise foi.

M. Ricordi pense que la question du droit moral dépend de la solution de la question de la durée et propose de discuter d'abord celle-ci.

M. Ferrari propose une formule analogue à celle de M. Maillard :

« Toute publication dénaturant le caractère ou l'esprit de l'œuvre est interdite et constitue un délit, même si l'œuvre est entrée dans le domaine public. »

M. Pesce rappelle les droits des auteurs d'autre genre, comme les architectes dont il faudrait tenir compte également.

M. Ricordi propose d'ajouter à la formule le mot : représentation.

M. Giacosa s'associe à cette proposition.

Le Président fait remarquer que ce sera l'affaire de la Commission de rédaction de trouver le terme qui répond au sens sur lequel on sera d'accord.

La proposition de MM. Maillard et Ferrari est adoptée sauf rédaction.

Le rapporteur, M. Mack, développe son rapport sur la durée du droit d'auteur.

Il y a deux choses à envisager : le droit personnel dans l'œuvre et le droit du public sur ce qu'il lui a fourni d'idées, de faits et d'éléments de toute sorte.

En publiant une œuvre, l'auteur livre au public un droit à son œuvre. Pour concilier ces deux droits, il faut trouver un système analogue au système italien : protection absolue pendant une période déterminée et domaine public payant pour une autre période.

Mais cette loi ne tient pas compte des droits des héritiers qui sont, en quelque sorte, les continuateurs de la personne, de l'esprit de l'auteur.

Il ajoute au principe de la loi italienne le principe de la durée illimitée de la deuxième période où il existerait encore des héritiers de l'auteur.

Pour résumer les conclusions du rapport imprimé, M. le rapporteur lit la proposition suivante, qu'il se propose de substituer, s'il y a lieu, au moment du vote aux propositions du rapport :

« Le Congrès exprime le vœu que le principe de la perpétuité du droit d'auteur soit prochainement reconnu par toutes les légisations et que l'unification se fasse sur la base d'une durée uniforme de la période de protection exclusive suivie d'une seconde période illimitée pendant laquelle la jouissance du droit de reproduction appartiendra à tous moyennant une redevance. ».

M. GIACOSA a été membre d'une Commission convoquée pour discuter un nouveau projet de loi où on avait supprimé le système du domaine public payant, pour le remplacer par une période fixe de quatre-vingts ans à partir de la publication.

Il pense que ce n'est pas le public qui profite d'un système du domaine public payant, mais celui qui publie l'œuvre.

Les prix des livres n'ont jamais baissé par le fait qu'un livre est tombé dans le domaine public.

Le domaine public, c'est le domaine privé du premier occupant.

Ce système a encore l'inconvénient que le domaine public crée aux auteurs vivants la concurrence dangereuse des auteurs tombés dans le domaine public. Ainsi, les directeurs de théâtre opposent souvent aux auteurs vivants le répertoire du domaine public.

Il s'agit donc d'établir le principe d'encourager la production actuelle, et la seule forme admissible de cet encouragement c'est de garantir à l'auteur le profit de ses œuvres. Ce principe reconnu, l'orateur propose de fixer une troisième période où l'Etat, comme représentant de la communauté, toucherait les sommes payées pour les verser dans des caisses établies au profit des auteurs ou des institutions publiques.

M. PIETRO MASCAGNI, en sa qualité de président de l'*Institut de Pesaro*, approuve les explications de M. Mack et de M. Giacosa. Le Conservatoire de Pesaro, qui bénéficie des profits du *Barbier de Séville*, a dû supprimer sa chaire parce que cet opéra est tombé dans le domaine public. Il a perdu ses bénéfices au profit, non pas du public, mais de quelques éditeurs ou entrepreneurs de spectacles.

M. FERRARI devait faire le rapport sur la législation italienne; il croit nécessaire d'anticiper sur son rapport pour expliquer les vues de la loi italienne sur cette question importante.

Après plusieurs tentatives, la loi italienne adopte le système actuel de deux périodes :

1° Droit exclusif de l'auteur ;
2° Droit du domaine public payant.

Cette loi sauvegarde assez bien les droits des auteurs. Aujourd'hui on veut la réformer pour deux raisons :

1° Pour la mettre en accord avec la Convention de Berne revisée par le Congrès de Paris ;
2° Parce que les luttes entre auteurs et éditeurs ont donné l'idée de l'utilité de modifier les dispositions sur la durée.

La modification de la loi annoncée par M. Giacosa serait un pas en arrière ; malgré l'extension du droit de l'auteur, l'incertitude sur la valeur productive d'une œuvre rend le système d'une durée déterminée injuste, tandis que le système de M. Mack paraît plus rationnel.

M. FERRARI critique les propositions du rapport imprimé, mais approuve la nouvelle formule proposée par M. Mack.

Seulement il serait d'avis, avec M. Giacosa, qu'après une période déterminée les profits du domaine public payant soient versés à l'Etat pour des institutions comme le Conservatoire de Pesaro. Il propose donc d'adopter le système de M. Mack avec la modification de M. Giacosa.

M. Harmand attire l'attention sur la législation mexicaine qui a créé une caisse dans laquelle sont versés, après une période déterminée, des profits venant du domaine public payant.

La séance est levée à midi.

SAMEDI 24 SEPTEMBRE 1898

SOIR

Présidence de M. Pouillet.

La séance est ouverte à trois heures.

M. Osterrieth donne lecture du procès-verbal de la séance du matin.

Le procès-verbal est adopté.

L'ordre du jour appelle la suite de la discussion sur la durée des droits d'auteur.

M. Ricordi. — A l'appui des idées de MM. Giacosa, Mack et Mascagni, il dépose le rapport remis il y a deux ans entre les mains du ministre de l'instruction publique et du commerce et signé par Verdi, Boito, Mascagni, etc., et autres artistes.

Ce rapport demande un droit absolu pour l'auteur pendant une durée de cent ans à partir de la première publication ou représentation, et après cette période un domaine public de l'Etat dont les droits iraient à des associations artistiques italiennes.

Le domaine public, dit M. Ricordi, n'existe pas. Avec la marche du temps les éditions successives font concurrence aux premières éditions.

Donc, un domaine public ne sert qu'à des intérêts de spéculations privées.

M. Pouillet demande quel serait le mode de perception du domaine public payant.

M. Ricordi. — Ce seraient des Sociétés ou des agents de l'Etat.

Il est vrai que jusqu'ici le chiffre perçu ainsi, soit 5 0/0, n'a pas donné une somme importante pour les redevances dues à l'Etat.

M. MAILLARD s'oppose à ce que le Congrès vote la formule de M. Mack. Il faudrait écarter du vote toutes questions théoriques susceptibles de diviser. Par exemple, la perpétuité du droit de l'auteur à percevoir par les héritiers ou ayants cause de l'auteur.

Ce serait inutile au point de vue pratique et dangereux, et pour lui il ne voterait pas cette perpétuité. Quel avantage y aurait-il ?

Pour l'auteur, aucun.

Pour ses héritiers, on fait pour les héritiers directs le maximum en leur donnant des droits pendant quatre-vingt ou cent ans. Tandis que les arrière-petit-fils dans deux ou trois siècles ne touchent pas l'auteur.

M. MAILLARD objecte que presque toujours les héritiers auront transmis leurs droits à des ayants cause n'ayant aucun lien moral avec l'auteur.

D'ailleurs, M. Giacosa ne demandait pas la perpétuité absolue du droit d'auteur. Il demandait seulement que les œuvres du domaine public ne puissent pas faire impunément concurrence aux œuvres des jeunes.

Pour cela une redevance suffira.

Donc, qu'on fixe une limite aux droits de l'auteur ; dans certains pays on prend pour base la durée de la vie de l'auteur et un certain nombre d'années.

En Italie la limite de protection est de quatre-vingts ans. On pourrait donc prendre pour durée du droit d'auteur la vie de l'auteur plus quatre-vingts ans, comme en Espagne.

On pourrait dire qu'alors l'œuvre tombée dans le domaine public fera l'objet d'une certaine redevance perçue par l'Etat avec une destination déterminée.

Le mode de perception, la destination de cette redevance sont des questions d'ordre national et non de droit international.

Donc, M. Maillard dépose le vœu suivant :

« La durée du droit exclusif de l'auteur et de ses ayants cause doit être limitée. Il y a lieu d'étudier dans les différents pays l'établissement d'une redevance qui serait perçue par l'Etat sur la publication ou la représentation des œuvres tombées dans le domaine public. »

M. PESCE fait observer que le Congrès a déclaré que la propriété littéraire était en quelque sorte supérieure à la propriété des biens matériels. On devrait donc, à ses yeux, continuer la propriété intellectuelle jusqu'à l'extinction de la famille de l'auteur, et alors elle ferait retour à l'Etat comme lui font retour tous les biens matériels du pays, et M. Pesce dépose la proposition suivante :

« La durée du droit des auteurs et de leurs héritiers directs est indéfinie jusqu'à extinction de leur lignée.

« La durée du droit des concessionnaires sera limitée à une période à déterminer, à charge par eux de payer une redevance à l'Etat.

« Après ces périodes, l'exploitation des œuvres fait retour à l'Etat, à charge par lui d'en faire profiter les institutions (ou corporations) à la nature desquelles se rattachent les œuvres en déshérence. »

M. Ferrari dit qu'il y a là une question très grave de principe et même d'application. Si l'Etat perçoit ce droit, il a aussi le droit de veiller à la conservation des droits moraux comme matériels de l'auteur.

Tandis que, selon M. Maillard, ce ne sera qu'un impôt fixé par la loi. Or c'est la valeur de l'œuvre qui doit fixer la quotité du droit fiscal. On ne pourrait obéir à ces considérations dans le système de M. Maillard. Celui de M. Giacosa seul le permettrait et M. Ferrari s'y associe.

M. Pouillet et M. Maillard appellent l'attention des membres du Congrès sur les difficultés et les dangers que présente la détermination par l'Etat de la quotité de la taxe pour chaque œuvre. On sera amené à instituer une sorte de ministère, et quel ministère pourra jamais avoir assez d'autorité et de prestige pour que tous se soumettent à ses décisions ?

Pour M. Lermina, l'Etat n'a aucune autorité en ces matières. On ne peut d'ailleurs pas lui demander de percevoir un impôt et de le garder dans ses mains pour une destination qu'on lui fixera ultérieurement.

La proposition de M. Maillard seule est acceptable par un Etat.

Le domaine public payant est une chose juste. Mais, comme tous les impôts, la redevance entre dans la collectivité, dans les intérêts de tous. Les artistes ne sont pas une classe à part. Ce sont des citoyens comme les autres. Il faut rentrer dans le droit commun et non dans une perpétuelle revendication de privilèges.

M. Ricordi appuie la proposition de M. Maillard, sauf la première partie relative à la durée des droits.

La France a déjà en la Société des auteurs dramatiques un agent de perception de ces droits.

M. Lermina fait remarquer que cette Société n'est qu'une Société de conventions, une autre Société peut se former et prendre d'autres modalités.

M. Mack n'est pas disposé à accorder à l'Etat mainmise sur la propriété littéraire. Il n'en veut ni comme perception d'impôts ni comme mandataire des droits de l'auteur.

Son système consiste à établir au bout d'une certaine période un domaine public payant au profit de ceux qui sont continuateurs de l'œuvre de l'auteur.

M. Lermina objecte le cas où des cessionnaires auraient acquis les droits de l'auteur.

M. Mack répond que cela ne se peut dans son système, car il prescrit l'inaliénabilité de la propriété littéraire, du droit moral de l'auteur.

Le jour où il n'y aura plus d'héritiers de l'auteur, il pourra s'ouvrir une troisième période où les droits seront perçus au profit de la littérature, de l'art de son pays. Mais, tant qu'il y a des héritiers, à eux doivent revenir les bénéfices, les fruits de l'œuvre.

Si, d'ailleurs, on voulait faire percevoir ces droits par des agents de l'Etat, par un ministère, ne craindrait-on pas la difficulté qu'on éprouve toujours à retirer de l'Etat les sommes qui sont entrées dans ses caisses?

Le système de gestion des intérêts des auteurs par eux-mêmes, et c'est le système de la Société des auteurs dramatiques, est, certes, à peu près parfait, son fonctionnement ne donne lieu à aucune difficulté ou à peu près.

En vertu du principe de la gestion d'affaires, cette Société pourra aisément percevoir les droits même pour les auteurs qui ne lui auraient pas donné un mandat formel et qui pourront venir à sa caisse réclamer qu'on leur remette ces droits. Si aucun héritier ne se présente, la répartition de ces droits se fera suivant les statuts à des Sociétés ou à des catégories intéressantes de littérateurs et d'artistes.

C'est ce fonctionnement qui va être adopté en France pour les peintres, graveurs et sculpteurs. C'est celui qu'il préfère, et non celui de l'Etat par lequel on s'exposerait à voir l'Etat écraser, proscrire la littérature et les arts en les accablant d'impôts.

D'ailleurs, quant à l'inaliénabilité des droits de l'auteur, on ne peut voir aucun obstacle à cela. Cette mesure n'existe-t-elle pas déjà en France pour les employés et les ouvriers? Une loi de Costa-Rica dit que toute cession des droits d'auteur est périmée de plein droit au bout d'un certain temps, vingt-cinq ans.

Au Mexique existe la perpétuité des droits d'auteur perçus par une Société.

M. MACK dépose la proposition suivante :

« Le Congrès exprime le vœu que l'unification de la durée des droits d'auteur se fasse sur la base d'une durée uniforme de la période de protection exclusive, suivie d'une seconde période illimitée pendant laquelle la jouissance du droit de reproduction de l'œuvre appartiendra à tous moyennant une redevance. »

M. POINSARD craint qu'avec le système de perception par l'Etat on arrive à ce résultat que les agents seront amenés à donner des autorisations préalables, et peu à peu on reviendra au système de la censure.

M. GIACOSA dit qu'il sera aisé de régler qui sera chargé de gouverner ce patrimoine des auteurs. Mais Verdi avait créé à Gênes pour les vieux artistes musiciens une maison de retraite dont les revenus devaient être alimentés par les droits de ses œuvres. Il n'est pas juste qu'au bout d'un certain temps la source de ces revenus soit tarie et que cette maison de retraite soit fermée faute de fonds. Il vaudrait mieux, après avoir affirmé le principe d'un domaine public payant après l'expiration du droit de l'auteur et des héritiers, renvoyer le reste de la proposition à un prochain Congrès.

Après entente entre M. Giacosa, Mack, Osterrieth et Pouillet, l'ordre du jour suivant est présenté :

« Il y a lieu, après l'expiration du droit de l'auteur et de ses héritiers ou de ses ayants cause, d'établir le domaine public payant. »

Cette résolution est adoptée.

M. OSTERRIETH a la parole pour déposer et développer son rapport sur les informations de presse et la propriété littéraire en matière d'ordre politique.

Il donne lecture d'une proposition que M. Bataille et lui vont déposer au Congrès de Lisbonne :

« Toutefois, en ce qui concerne... (1)

M. CARLO MASSARINI-PROSPERINI est d'avis que le Congrès réserve aux journalistes la question des matières politiques.

Pour les informations de presse, il suffit de déclarer que, dans tous les cas, ces informations, tout au moins pendant une durée égale à celle de l'édition du journal, c'est-à-dire vingt-quatre heures pour un journal quotidien, doivent être protégées. Lorsqu'elles sortent du champ des œuvres de l'esprit, elles doivent être soumises au droit commun, c'est-à-dire aux lois sur la concurrence déloyale.

Il serait mieux d'édicter simplement que les journaux doivent citer la source de leurs informations et contribuer par une redevance aux frais de ces informations, et ceux qui veulent user du droit de priorité doivent le montrer par l'emploi d'un signe conventionnel.

En outre, les difficultés de ce genre entre journaux devraient être déférées à des associations de presse et non à des tribunaux.

Si un journal reproduit ces informations sans en indiquer la source, il devra être traduit devant les tribunaux et passible des peines de la contrefaçon ou de la concurrence déloyale, selon que l'information rentre dans le domaine des œuvres de l'esprit ou non.

M. POUILLET objecte le cas des journaux non quotidiens, par exemple un journal hebdomadaire. Pourra-t-il revendiquer pendant huit jours la propriété d'une information dont il a eu la propriété ?

M. OSTERRIETH fait remarquer que la question de la priorité est en dehors de la discussion actuelle. Il vaudrait mieux la réserver.

Au sujet de la fixation de la priorité, on se heurte à de grandes difficultés. On serait amené à empêcher la reproduction d'un simple télégramme.

Il s'oppose à la proposition de M. Massarani parce que le Congrès n'est pas assez compétent ni assez éclairé sur ces côtés pratiques et demande au Congrès de se contenter de voter la proposition déjà votée à Monaco.

---

(1) Voir le texte aux annexes.

M. MASSARANI-PROSPERINI ne demande pas la protection pour les informations des faits du domaine public, par exemple la mort de l'impératrice d'Autriche, la condamnation d'un accusé, mais seulement pour les informations d'un ordre personnel, telles que des impressions sur les tendances de la Bourse, par exemple.

Voilà celles qu'il faut protéger ; on pourrait, par exemple, accorder pour les journaux quotidiens une protection de vingt-quatre heures après l'arrivée du journal ayant la priorité de l'information au lieu d'édition du journal reproducteur.

M. FERRARI fait observer que la question soumise au Congrès diffère de celle qui était mentionnée au programme. Il serait dangereux d'ailleurs de traiter des questions qui ne rentrent pas dans la compétence du Congrès, c'est-à-dire les informations de presse.

Et pour les matières politiques, le Congrès de Monaco s'est déjà prononcé. Il n'y a lieu qu'à renouveler le vœu adopté l'an dernier à Monaco.

Le Président met aux voix la proposition de M. Osterrieth, qui est votée à l'unanimité et sera transmise à M. Bataille au Congrès de Lisbonne.

La séance est levée à cinq heures vingt.

LUNDI 26 SEPTEMBRE 1898

MATIN

La séance est ouverte à neuf heures vingt, sous la présidence de M. Chaumat, assisté de MM. de Rolland et Georges Maillard.

M. Chaumat annonce que M. Pouillet, pris d'une subite indisposition, se trouve à son grand regret dans l'impossibilité d'assister aux dernières séances du Congrès et l'a prié de le remplacer.

Le Congrès, à l'unanimité, envoie à M. Pouillet un vote d'affectueuse sympathie.

La parole est à M. Raoul de Clermont, qui expose et développe les conclusions de son rapport sur la caution *judicatum solvi*.

Il fait remarquer que nous sommes en Italie, dont le Code a, dès 1867, supprimé la caution *judicatum solvi*, à Turin, où, dès 1760, on a signé le traité franco-sarde qui a supprimé la caution entre la France et l'Italie, qu'enfin nous sommes encore dans un pays qui a signé vingt-neuf traités pour supprimer l'exigence de la caution pour ses nationaux dans les pays signataires. Il espère que ces exemples seront suivis par les autres pays de l'Union.

Le rapporteur, en rappelant les votes de nos anciens Congrès, donne lecture du message du Conseil fédéral suisse à l'Assemblée le 6 avril 1898.

En voici le texte :

« L'Assemblée fédérale de la Confédération suisse,
« Vu le message du Conseil fédéral du 6 avril 1898 ;
« Vu l'article 85, chiffre 5, de la Constitution fédérale ;

« Arrête :

« 1° L'approbation constitutionnelle est accordée par les présentes à la Convention internationale conclue à La Haye, les 14 novembre 1896 et 22 mai 1898, entre le Conseil fédéral suisse et le gouvernement de la Belgique, de l'Espagne, de la France, de l'Italie, du Luxembourg, des Pays-Bas et du Portugal, convention destinée à fixer certaines questions de procédure civile en matière de droit international privé, et à laquelle ont adhéré, par la suite, les empires d'Allemagne et d'Autriche-Hongrie, le 9 novembre 1897; le Danemark, le 19 décembre 1897; la Roumanie et la Russie, les 19/31 décembre 1897 ;

« 2° Le Conseil fédéral est chargé de la ratification et, après l'échange des instruments de ratification, de l'exécution de la Convention. »

Il demande au Congrès de manifester encore une fois sa vive impatience de voir disparaître définitivement la caution *judicatum solvi* de nos législations en votant le vœu suivant :

« Le Congrès, maintenant ses résolutions antérieures sur la suppression de la caution *judicatum solvi* en matière de propriété littéraire et artistique, émet le vœu que tous les Etats de l'Union ratifient le plus promptement possible la convention de La Haye et donne mission au comité exécutif d'agir en ce sens par les moyens qu'il jugera convenables. »

Ces conclusions sont adoptées.

Du nouveau projet de loi russe.

M. Harmand fait connaître que le gouvernement russe, comme en 1885 le gouvernement belge, et en 1891 le gouvernement norvégien, a bien voulu donner à l'Association littéraire et artistique communication du nouveau projet de loi rédigé par la commission impériale de revision.

Cet acte, salué à Monaco par de nombreux applaudissements, a eu l'avantage d'offrir à l'Association l'occasion de faire l'examen du projet de loi russe.

M. Harmand signale l'intérêt de diverses mesures adoptées par le projet. C'est pour le droit moral, l'interdiction de modifier l'œuvre en la reproduisant, même licitement, l'insaisissabilité des œuvres inachevées, l'égalité des collaborateurs, et l'accroissement aux collaborateurs dont les droits sont encore dans les limites du délai de protection, des émoluments et des droits appartenant au collaborateur prédécédé dont les droits sont expirés.

Il signale encore le droit accordé à l'auteur russe qui publie ou reproduit son œuvre hors de Russie et la reconnaissance à l'auteur du droit exclusif de traduction.

Il constate que la nouvelle loi protège aussi libéralement que nous les auteurs russes et accorde à charge de réciprocité la même protection que celle accordée aux Russes.

M. LE PRÉSIDENT donne lecture de la proposition du rapporteur, qui est adoptée en ces termes :

« Le Congrès, considérant que le projet soumis à l'Association littéraire et artistique internationale par la commission impériale de rédaction du Code russe en 1897 a fait entrer dans son texte des principes souvent proclamés par l'Association dans les divers Congrès organisés par elle et qu'elle désire voir prendre place dans toutes les législations sur le droit d'auteur, notamment en ce qui concerne le droit moral de l'auteur, la reproduction intégrale de l'œuvre, la restriction du droit de saisie des œuvres, la réglementation de la collaboration, le droit de traduction et le contrat d'édition ; considérant que la réussite de tout effort pour l'unification des législations concernant les littérateurs et les artistes est pour l'Association une vive satisfaction,

« Exprime le vœu que la nouvelle législation russe protège dans la mesure la plus libérale les droits des auteurs, écrivains, artistes et musiciens ;

« Souhaite vivement que cette nouvelle législation accorde aux étrangers, à charge de réciprocité dans leur législation ou par suite de conventions diplomatiques, les droits reconnus aux sujets russes ;

« Et espère que dans un délai prochain l'empire russe adhère à la Convention de Berne.

Questions diverses.

M. LERMINA demande de mettre à l'ordre du jour du prochain Congrès la question des œuvres complètes.

M. POULAIN croit qu'il serait bon d'aller en Russie pour y répandre nos idées et tâcher d'y faire triompher notre cause, c'est-à-dire obtenir l'adhésion de la Russie à l'Union.

Il ne sait pas si le moment est venu, mais il s'en rapporte au congrès.

M. LE PRÉSIDENT prend acte du vœu de M. Poulain, pense que c'est le vœu du plus grand nombre d'entre nous ; il croit que des négociations préalables sont nécessaires.

M. DUPONT donne lecture du procès-verbal de la précédente séance, qui est adopté.

De la protection des œuvres d'architecture.

M. Harmand, au nom de M. Lucas, comme au sien, et en sa qualité de délégué de la Caisse de défense mutuelle des architectes, présente et appuie le vœu suivant :

« Le Congrès, s'inspirant du vœu adopté par le premier Congrès international de la propriété artistique tenu à Paris en 1878, l'Association littéraire et artistique a, dans ces divers Congrès tenus à Madrid (1887), Neuchâtel (1891), Milan (1892), Barcelone (1893), Anvers (1894), Berne (1896) et Monaco (1897), émis le vœu que *les œuvres d'architecture soient protégées comme les œuvres de peinture, de sculpture et des autres arts du dessin.*

« Considérant que ce même vœu a été adopté par les trois derniers Congrès internationaux des architectes tenus à Paris en 1878 et en 1889, et à Bruxelles en 1897 ;

« Considérant que l'acte de Paris de 1896 n'a pu, en raison de la législation de deux des pays (Allemagne et Grande-Bretagne) adhérents à la Convention de Berne, accorder aux architectes une protection complète et uniforme dans toute l'étendue de l'Union ; considérant que les dessins d'architecture, comprenant les plans, coupes, élévations, détails de façades extérieures et intérieures, détails décoratifs et autres, en général, constituent l'original de l'œuvre de l'architecte et que l'édifice construit n'en est que la reproduction ;

« Renouvelle le vœu *que les architectes doivent jouir, pour leurs œuvres, de tous les droits de propriété artistique reconnus aux peintres, aux sculpteurs et aux autres artistes, en vertu des législations et des conventions internationales ;*

« *Et souhaite que cette protection soit complètement réalisée lors de la prochaine revision de la Convention de Berne.* »

M. Pesce dit qu'il a été délégué pour s'occuper particulièrement des questions touchant l'art de l'ingénieur ; il demande l'assimilation de l'ingénieur à l'architecte et estime que leurs œuvres méritent une égale protection. Le vœu proposé par M. Harmand énonce bien les principaux désiderata des architectes, mais il ne parle point des ingénieurs et ne vise que l'œuvre de l'architecte. D'autre part, la rédaction est défectueuse, car la définition de l'original n'est pas absolument exacte et il serait parfois excessif de dire que l'édifice n'est qu'une reproduction.

M. Harmand insiste sur la définition de l'original, mais se plaît à déclarer que l'œuvre d'architecture doit être protégée, son auteur fût-il un ingénieur.

M. Alessandro Corsi demande la protection contre la reproduction non autorisée de la pensée de l'architecte par des moyens quelconques, même par la photographie. Il indique que les Congrès de l'Association ont à de nombreuses reprises déclaré que l'architecture devrait être assimilée aux autres arts du dessin, peinture, sculpture, etc. L'architecte a les mêmes instruments que les peintres et les sculpteurs.

Son œuvre se compose d'un ensemble de dessins et de plans destinés à exprimer sa conception, comme la partition représente l'œuvre du musicien, le manuscrit l'œuvre du littérateur.

Cet ensemble de dessins, la Société centrale des Architectes, la Caisse de défense mutuelle des Architectes français, la Société centrale d'Architecture de Belgique, l'Institut royal des Architectes britanniques ont adopté pour le désigner les mots : « Dessins d'architecture ». Ces dessins sont l'original de l'œuvre d'architecture.

La construction est un mode de reproduction de l'œuvre de l'architecte comme l'exécution par l'orchestre est un mode de reproduction de la partition. De même, il rappelle qu'à Monaco il a défini ce qu'était, en sculpture et en gravure, en médaille, l'original. La médaille, la statue en bronze ou en marbre, sont, le plus souvent, des reproductions d'un original. Et comme des législations et des jurisprudences ont attaché à la destination de l'original des conséquences très graves pour la conservation aux mains de l'artiste de ses droits de reproduction, le paragraphe relatif à la définition de l'original de l'œuvre d'architecture a donc dans ce vœu soumis au Congrès une importance considérable.

Il dit ensuite qu'il y a un grand intérêt à ce que les vœux déjà émis dans les divers Congrès de l'Association soient rappelés en tête du vœu. Il fait connaître les raisons pour lesquelles la question de l'architecture n'a pas été résolue complètement dans l'acte de Paris de 1896. L'opposition de l'Allemagne et de l'Angleterre peut disparaître sous l'influence des vœux du Congrès.

M. LE PRÉSIDENT fait observer que le vœu proposé, en assurant aux architecte pour leurs œuvres tous les droits de propriété artistiques reconnus aux peintres, aux sculpteurs et aux autres artistes, donne satisfaction à M. Corsi.

M. PARODI, représentant les collèges des ingénieurs et architectes de Gênes et de Florence et le journal le *Monitore tecnico* de Milan, demande qu'on assimile les ingénieurs aux architectes, et demande, comme M. Pesce, qu'on protège formellement les travaux des ingénieurs ; un chemin ou un pont représente le même effort de création qu'une maison et a droit à la protection. Il est d'autant plus nécessaire pour les Italiens de protéger les travaux des ingénieurs comme ceux des architectes qu'en Italie les véritables architectes dans le sens français sont le plus souvent qualifiés d'ingénieurs.

M. POUPINEL voudrait qu'on s'en tînt au mot « architecte », sauf à le traduire dans les diverses langues par d'autres expressions analogues.

M. FERRARI soutient au contraire l'opinion de MM. Parodi et Perse ; il ne voit pas pourquoi toutes les productions de l'intelligence ne seraient pas également protégées.

M. PELLEGRINI est d'avis qu'un Congrès de la propriété littéraire et artistique n'a pas à s'occuper des ingénieurs, en tant que leurs travaux n'ont rien d'artistique et de littéraire.

M. Parodi fait remarquer que la question des documents historiques que nous avons à l'ordre du jour de nos discussions est tout aussi étrangère aux beaux-arts et à la littérature que l'œuvre de l'ingénieur.

M. Maillard estime qu'il faut rester d'abord dans le cadre de nos études sur les œuvres littéraires et artistiques et nous en tenir pour le moment à la question du programme, c'est-à-dire à la protection des œuvres d'architecture; c'est là une expression que tout le monde peut comprendre. Puis, à propos de la question des œuvres scientifiques et, s'il y a lieu, dans d'autres Congrès, nous examinerons s'il convient d'assimiler aux œuvres d'architecture les travaux d'ingénieurs proprement dits, tels que les routes, les barrages, les ponts, etc.

M. Ricordi demande si M. Eiffel est considéré comme un architecte ou comme un ingénieur.

M. Maillard répond qu'il faut se préoccuper, non pas de la qualité de l'exécutant, mais de la nature de l'œuvre. La Tour Eiffel a été considérée comme une œuvre d'architecture, car c'était un édifice d'une forme nouvelle et destiné à servir d'ornement. Mais il y a des cas où le travail de l'ingénieur ne se réalisant pas dans une forme architecturale ou bien la forme ayant exclusivement des buts pratiques, il ne pourra plus être question de propriété artistique; car il s'agira de dispositions purement techniques ou rentrant sous l'empire de la loi sur les brevets d'invention. Peut-être, entre les conceptions qui rentrent actuellement dans le domaine des droits de l'auteur et celles qui sont soumises à la législation des brevets, reste-t-il quelque chose à protéger. C'est une question délicate qui doit être examinée à part. M. Pesce voudrait que tous les efforts de l'intelligence eussent le même protection. Cela conduirait à remanier les lois sur les inventions; cette réforme n'est pas de la compétence d'un Congrès littéraire et artistique.

M. Giacosa tient à dire que, d'après lui, la confusion entre les mots « ingénieur » et « architecte » n'est point telle en Italie qu'elle a été signalée par certains de ses compatriotes.

Tout le monde pourra comprendre en Italie l'expression « œuvre de l'architecture » dans le sens qui a été déterminé par les orateurs français.

M. Pesce insiste sur la nécessité de comprendre parmi les œuvres à protéger les œuvres des ingénieurs. Les ingénieurs ont envoyé des délégués au Congrès en voyant que le champ des travaux de l'Association tendait à se développer. Déjà l'an dernier on a renvoyé à l'année suivante la question des œuvres scientifiques. Il faut maintenant se décider franchement à l'extension du domaine des lois sur les œuvres de l'intelligence.

Le Président fait observer à M. Pesce qu'il serait plus clair de ne s'occuper, en ce moment, que des œuvres d'architecture qui, seules, font l'objet du rapport en discussion et il invite l'orateur à présenter pour un prochain Congrès un vœu spécial sur la protection à accorder aux travaux des ingénieurs.

M. Parodi se rallierait à la proposition de la *Caisse de défense mutuelle des Architectes*, si les rapporteurs consentaient, dans l'avant-dernier paragraphe, à remplacer « les architectes » par « les œuvres d'architecture » et à ajouter un paragraphe pour dire que la protection de la loi doit être accordée aux œuvres d'architecture quel que soit l'auteur, et que le mot *architecture* doit se prendre dans sa plus large acception.

M. Harmand accepte ces modifications et consent également, sur la demande de M. le Président, à supprimer à la fin du quatrième paragraphe, après la définition de l'original en matière d'architecture, ce corollaire que « l'édifice construit n'est que la reproduction de l'orginal ». Dans sa pensée, cette suppression n'infirme pas le sens de la phrase précédente, qui se suffit à elle-même.

Le vœu ainsi remanié est adopté sans contradiction. Il se trouve conçu en ces termes :

« Le Congrès, considérant que, s'inspirant du vœu adopté par le premier Congrès international de la propriété artistique tenu à Paris en 1878, l'Association littéraire et artistique internationale a, dans divers Congrès tenus à Madrid 1887, Neuchâtel 1891, Milan 1892, Barcelone 1893, Anvers 1894, Berne 1896 et Monaco 1897, émis le vœu que les œuvres d'architecture soient protégées comme les œuvres de peinture, de sculpture et des autres arts du dessin ;

« Considérant que ce même vœu a été adopté par les trois derniers Congrès internationaux des architectes tenus à Paris en 1878 et en 1889, et à Bruxelles en 1897 ;

« Considérant que l'acte de Paris n'a pu, en raison de la législation de deux des pays (Allemagne et Grande-Bretagne) adhérents à la Convention de Berne, accorder aux architectes une protection complète et uniforme dans toute l'étendue de l'Union ;

« Considérant que les dessins d'architecture comprenant les plans, coupes, élévations, détails de façades extérieures et intérieures, détails décoratifs et autres en général, constituent l'original de l'œuvre de l'architecte ;

« Renouvelle le vœu que les œuvres d'architecture doivent jouir de tous les droits de propriété artistique reconnus aux œuvres de peinture, de sculpture et des autres arts en vertu des législations et des conventions internationales ;

« Et souhaite que cette protection soit complètement réalisée dans la prochaine réunion de la Convention de Berne ;

« Il est convenu que le Congrès entend que la protection de la loi est accordée aux œuvres d'architecture quel que soit l'auteur et que le mot « architecture » doit se prendre dans la plus large acception. »

Projet d'unification des lois sur le droit d'auteur.

Le rapporteur, M. Georges Maillard, rappelle que l'idée de ce projet est née en 1895 à Dresde. Depuis, chaque année, il est remis sur le métier afin de constituer une plate-forme pour les revendications de l'Association et servir de base aux efforts de nos adhérents dans leurs pays respectifs.

Il n'y a guère de discussion sur le fond, mais, chaque année, la rédaction est minutieusement critiquée.

Le rapporteur se félicite de ces épreuves successives qui clarifient et précisent le texte. Mais il fait observer qu'il s'agit seulement de principes à établir et à faire pénétrer dans le plus grand nombre de législations possibles, non d'un texte impeccable à imposer partout tel quel.

Dans ces conditions, il demande aux critiques avisés qui font partie du Congrès de faire taire leurs préférences personnelles quand il ne s'agit pas de remarques essentielles et d'adopter transactionnellement la rédaction qui résulte des travaux des précédents Congrès et de la Commission du travail. Le projet, même adopté dans son ensemble, fera l'objet de revisions annuelles et des propositions nouvelles ou des changements de rédaction pourront être présentés sans cesse à la *Commission du travail*, qui fera l'office d'une Commission permanente et présentera un rapport à chaque Congrès.

Il commence ensuite la lecture des différents articles du projet, en indiquant le sens des modifications qui ont été apportées par la Commission du travail au texte précédent et le plus souvent d'après les indications du Congrès de Monaco.

Article premier.

« L'auteur d'une œuvre de l'esprit a le droit exclusif de la rendre publique et de la reproduire par quelque procédé, sous quelque forme et pour quelque destination que ce soit.

« Sont ainsi protégées toutes manifestations de la pensée écrites ou orales, les œuvres dramatiques, musicales et chorégraphiques et toutes les œuvres des arts graphiques et plastiques.

« Ces œuvres restent dans le domaine de la présente loi, quels que soient leur mérite, leur emploi et leur destination.

« Les actes officiels des autorités publiques et les décisions judiciaires ne peuvent faire l'objet d'un droit privatif. »

Le rapporteur explique que la Commission n'a pu, à son grand regret, tenir compte des modifications suggérées par certains orateurs à Monaco. Il a fallu renoncer à citer parmi les œuvres protégées les œuvres scientifiques, car, en ce qu'elles ont de justiciable d'une loi sur le droit d'auteur, elles sont comprises dans les manifestations de la pensée écrite ou orale, et la protection de l'inventeur contre les plagiaires qui usurpent le mérite de l'invention fera l'objet d'une étude particulière ; mais, en tous cas, la question n'est point encore assez mûre pour qu'on puisse insérer la solution dans un projet d'unification des législations sur le droit d'auteur.

Ne doivent figurer dans ce projet que les solutions sur lesquelles une entente persistante s'est faite dans les Congrès de l'Association. On a seulement, dans le dernier paragraphe relatif aux actes officiels des autorités publiques, remplacé « ..... ne peuvent faire l'objet d'un droit d'*auteur* », par « ..... ne peuvent faire l'objet d'un droit *privatif* » pour donner satisfaction à une observation de M. Marbeau.

M. FERRARI serait d'avis de remanier le second paragraphe pour le mettre d'accord avec la Convention de Berne qui doit être la base de tous les efforts d'unification, et de dire : « Sont ainsi propagées toutes productions quelconques du domaine littéraire, scientifique ou artistique ». Ce serait le résumé de l'article 4 de la Convention.

D'autre part, il ne voit pas pourquoi on a cité les œuvres dramatiques musicales et chorégraphiques lorsqu'elles se trouvaient déjà comprises dans les manifestations de la pensée écrites ou orales.

M. PESCE voudrait substituer dans le premier paragraphe à « œuvre de l'esprit » « œuvre de l'intelligence » qui serait une expression plus large et, pour le second paragraphe, il serait partisan d'une formule générale sans aucune énumération ; en conséquence, il propose la rédaction suivante où les modifications du texte du rapporteur sont indiquées en italique :

« L'auteur d'une œuvre de *l'intelligence* a le droit de la rendre publique et de la reproduire par quelque procédé, sous quelque forme et pour quelque destination que ce soit.

« Sont ainsi protégées toutes manifestations de la pensée, *quelles que soient les formes sous lesquelles elles auront été extériorisées.*

« Ces œuvres restent dans le domaine de la présente loi, quels que soient leur mérite, leur emploi et leur destination. »

(Le second paragraphe comme dans le projet.)

M. CORSI propose de supprimer dans le dernier paragraphe les décisions judiciaires parce qu'elles rentrent dans les « actes officiels des autorités publiques ».

LE RAPPORTEUR ne peut accepter, séance tenante, aucune des modifications proposées, et il demande au Congrès d'adopter le texte du projet tel quel, car ce texte est le fruit de discussions antérieures déjà nombreuses, chaque mot a déjà été, en quelque sorte, soumis à l'épreuve, et il serait dangereux de le modifier avant d'avoir pu peser les conséquences de la modification. Ainsi, l'adjonction du mot « scientifique », l'emploi de l'expression « œuvre de l'intelligence » ont déjà été écartés lors des discussions précédentes, la mention des œuvres dramatiques, musicales et chorégraphiques a semblé précédemment nécessaire, car on aurait pu soutenir que telle œuvre, encore inédite, n'était point une manifestation orale de la pensée. Il semble bien que l'article proposé groupe toutes les catégories d'œuvres à protéger, en évitant les erreurs d'interprétation qu'a soulevées dans certains pays l'emploi du mot artistique, et étendant ainsi largement le domaine de la loi, sans toutefois empiéter sur le domaine de la propriété industrielle.

Ainsi l'expression « œuvres des arts graphiques et plastiques » a été choisie après de longs tâtonnements et de vives discussions pour englober notamment la photographie sans avoir à la comprendre dans une énumération, et ce n'est pas notre collègue Ferrari qui peut s'en plaindre, puisqu'à notre grande joie il s'est rallié à l'idée de protéger les photographes comme les dessinateurs, peintres, etc., entraînant par son exemple un autre adversaire des photographes, notre ami M. Desjardin.

Il est à craindre que les formules plus générales qui ont été proposées, d'autre part, ne laissent place à l'indécision et à la confusion lorsqu'il s'agira de les appliquer.

Néanmoins, puisque le projet en discussion est destiné à revenir d'année en année dans nos Congrès pour être perfectionné au fur et à mesure des progrès, des idées, la Commission du travail ne manquera pas, pour le prochain Congrès, d'examiner à nouveau s'il y a lieu de remanier la rédaction pour répondre aux observations qui viennent d'être exprimées.

A la suite de ces explications, l'article est adopté sans opposition, tel qu'il était présenté par le rapporteur.

La séance est levée à onze heures trois quarts.

Le Secrétaire,

RAOUL DE CLERMONT.

LUNDI 26 SEPTEMBRE 1898

SOIR

La séance est ouverte sous la présidence de M. Chaumat.

La nouvelle législation luxembourgeoise.

M. WAUWERMANS fait connaître au Congrès les dispositions de la nouvelle loi luxembourgeoise.

(Voir aux annexes.)

Projet d'unification des lois sur le droit d'auteur

M. GEORGES MAILLARD, rapporteur, continue l'examen du projet.

ART. 2.

« Le droit exclusif de reproduction se prolonge quatre-vingts ans après la mort de l'auteur au profit de ses héritiers ou ayants droit. »

LE RAPPORTEUR fait observer que, pour fixer la durée du droit, on a fait abstraction des considérations théoriques et qu'on s'est placé surtout au point de vue de l'unification des législations. Or, il est évident que l'unification de la durée du droit, conformément au vœu de la conférence diplomatique de 1884, ne peut avoir lieu qu'en prenant pour base la vie de l'auteur et un certain nombre d'années après sa mort. Parmi les principaux pays, seuls l'Angleterre et l'Italie auront à modifier leur mode de calcul pour la durée du droit. Or, dans ces deux pays, la refonte de la législation est à l'étude et les commissions préparatoires ont admis comme base de la durée du droit la vie de l'auteur, plus un certain nombre d'années après la mort.

A Dresde, tout d'abord, nous avions proposé de fixer la durée du droit, comme mesure transactionnelle, à cinquante ans après la mort de l'auteur; c'était assurer l'unification prompte.

Mais c'était demander à l'Espagne un recul dans la voie de la protection, puisqu'elle assure quatre-vingts ans après la mort de l'auteur, et pour l'Italie ce serait aussi réduire le droit dans certains cas, puisque, actuellement, la protection peut être de quatre-vingts ans à dater de la publication de l'œuvre.

M. FERRARI demande qu'on tienne compte ici des résolutions prises, dans une séance précédente, sur le rapport de M. Mack sur la durée du droit d'auteur, c'est-à-dire qu'on pose le principe du domaine public payant.

M. MAILLARD répond que le projet d'unification n'a pas à résoudre toutes les questions qui peuvent être soulevées, il n'a qu'à condenser les résolutions sur lesquelles l'accord s'est fait, notamment dans nos Congrès, et qui semblent militer pour l'unification. Or, il résulte des discussions mêmes du présent Congrès et du vœu qui a été adopté que l'organisation du domaine public payant n'a pas encore trouvé une formule assez précise pour prendre place dans un projet d'unification. Mais, dans les pays où le domaine public payant existe déjà, libre à nos amis d'en demander le maintien, et ils pourront s'appuyer sur le vote précédent du Congrès avec lequel ne sera pas en contradiction l'adoption de l'article 2 du présent projet.

M. FERRARI ne voudrait pas que l'article 2 fût le dernier mot de l'Association sur cette question.

Sous cette réserve, il acceptera l'article 2 de M. Maillard.

M. RICORDI pense que la meilleure fixation de la durée du droit serait de quatre-vingts ans à dater de la publication de l'œuvre, mais il se range au désir d'unification qui a déterminé la Commission italienne à prendre pour base de la durée du droit la vie de l'auteur et un certain nombre d'années après sa mort. Toutefois, il insiste pour que ce délai après la mort de l'auteur soit de quatre-vingts ans, comme le demande M. Maillard, et non de cinquante ans comme le propose la Commission italienne. Il désire donc, non seulement que le Congrès vote l'article qui lui est en ce moment soumis, mais que le vote soit porté à la connaissance du gouvernement italien par un vœu spécial du Congrès.

LE RAPPORTEUR est heureux d'avoir pu se trouver d'accord, en pratique, avec M. Ricordi sur cette question de la durée du droit qui les divise théoriquement.

En ce qui concerne les vœux à présenter au gouvernement italien, il serait préférable d'attendre l'achèvement de la discussion sur le projet d'unification. Alors, on examinera ce qu'il y a lieu de tenter actuellement pour faire prévaloir nos idées dans les pays où la réforme de la législation est à l'ordre du jour.

M. RICORDI accepte ce mode de procéder.

M. PESCE propose de remplacer l'article 2 par le texte suivant :

« La durée du droit des auteurs et de leurs héritiers directs est indéfinie jusqu'à extinction de leur lignée.

« La durée du droit des concessionnaires sera limitée à une période à déterminer, à charge par eux de payer une redevance à l'Etat. »

M. MAILLARD estime que discuter cette prosition ce serait reprendre la discussion d'avant-hier sur le rapport de M. Mack qui a été close par un ordre du jour réservant la question pour une étude ultérieure.

M. Mack tient à constater que la question de la perpétuité n'a point été écartée par les Congrès ; il restera à en étudier les conditions d'application.

M. Ferrari pense que la question de la perpétuité peut être reprise à chaque instant.

M. Panattoni, comme membre de la Chambre des députés d'Italie, s'associe à M. Ricordi pour demander le vote de l'article 2 tel qu'il est présenté par le rapporteur et il déclare qu'il y a dans le Parlement italien beaucoup de membres qui s'intéressent vivement à la protection des auteurs. Il profite de l'occasion pour féliciter particulièrement M. Maillard d'avoir choisi dans l'article 1er de son projet l'expression de « œuvre de l'esprit » identique à celle de la loi italienne.

M. Maillard demande que la proposition de M. Pesce soit écartée sans qu'il y ait, en ce moment, à la discuter au fond.

M. Mack se range, au point de vue de la procédure, à l'avis de M. Maillard. Il s'agit, en ce moment, de voter un minimum de droit exclusif pour l'auteur et ses ayants cause. La question de savoir s'il n'y a pas lieu de prolonger ce droit ou d'instituer un domaine public payant reste entière et sera discutée ultérieurement.

La proposition de M. Pesce est écartée.

L'article 2 est adopté.

Art. 3.

« Le droit sur les œuvres anonymes a une durée de quatre-vingts ans à dater de la première publication licite de l'œuvre. Il est exercé par l'éditeur tant que l'auteur véritable ne s'est pas fait connaître.

« Lorsque l'auteur s'est fait connaître avant l'expiration du délai de quatre-vingts ans, la durée du droit se prolonge dans les termes prévus par l'article 2.

« Les œuvres qui paraîtront sous le nom d'une personne morale seront assimilées aux œuvres anonymes. »

M. Ferrari demande pourquoi on a ajouté aux mots « à dater de la première publication » le mot « licite ».

M. Maillard explique qu'il fallait empêcher que la publication faite sans l'autorisation de l'auteur en fît commencer le délai.

L'article 3 est adopté.

Art. 4.

« Les collaborateurs ont des droits égaux sur l'œuvre commune.

« En cas de désaccord entre les collaborateurs, les tribunaux les départageront sur l'opportunité et le mode de la publication.

« Les droits des ayants cause d'un collaborateur prédécédé subsistent jusqu'à l'expiration du délai de quatre-vingts ans après la mort du dernier survivant des collaborateurs.

« A défaut d'héritiers ou concessionnaires d'un des collaborateurs, sa part accroît aux autres collaborateurs ou à leur ayants droit. ».

LE RAPPORTEUR fait remarquer que, depuis le Congrès de Monaco, la Commission du travail, pour tenir compte d'une observation de M. Osterrieth, a remplacé, dans le second paragraphe de cet article « : les tribunaux sont compétents pour les départager », par «... les départageront ».

L'article 4 est adopté.

ART. 5.

LE RAPPORTEUR signale que l'ancien article 5, présenté au Congrès de Monaco, a disparu de la nouvelle rédaction. Il concernait les œuvres collectives. A la suite des observations échangées au Congrès de Monaco, la Commission du travail a renoncé à trouver une rédaction satisfaisante ; elle en a conclu que cet article, qui ne se trouvait pas dans le projet primitif, tenterait vainement de résoudre de multiples questions de fait, qu'il pouvait donc être supprimé sans inconvénients et qu'en tous cas il trouverait mieux sa place dans un travail sur les rapports entre les auteurs et éditeurs.

Le nouvel article 5 est l'ancien article 6 consacré aux œuvres posthumes. Il en est résulté un changement de pagination pour tout le reste du projet.

ART. 6.

« Toute reproduction, intégrale ou partielle, sans le consentement de l'auteur et de ses ayants droit est illicite.

« Il en est ainsi de la traduction et aussi de la représentation et de l'exécution publique.

« Sont également illicites, sans le consentement de l'auteur, les productions qui comportent des retranchements, additions ou remaniements, telles que : adaptations, dramatisations, transformations de pièces de théâtre en romans, arrangements de musique, reproduction par un autre art, etc. »

M. PESCE critique le texte de cet article parce qu'il ne prévoit pas comme illicite l'exposition d'un tableau sans le consentement de l'auteur ; il souhaiterait une disposition plus générale.

LE RAPPORTEUR pense que tous les modes de *reproduction* sont prévus dans l'article 6. Mais il n'admet pas qu'on étende la protection jusqu'à interdire l'exposition d'une œuvre que l'artiste a vendue ; le droit d'exposition est inhérent à la propriété de l'objet matériel.

M. PESCE pense, au contraire, que le droit d'auteur implique le droit exclusif de tirer profit de l'œuvre, fût-ce par l'exposition.

M. Camarano trouve l'article 6 trop rigoureux. Il lui paraît excessif d'interdire explicitement la dramatisation d'un roman ou d'une nouvelle puisque ce travail suppose souvent un effort personnel qui exclut la contrefaçon.

M. Ferrari répond que cette dramatisation, bien qu'elle puisse comporter des efforts personnels, constitue toujours un travail dépendant du travail du premier auteur.

M. Trincheri s'associe aux vues du rapporteur en ce qui concerne l'exposition. Il ne croit pas qu'on puisse l'assimiler à la reproduction illicite.

M. Panattoni soutient aussi l'opinion du rapporteur et approuve particulièrement la répression des arrangements de musique.

M. Camarano répond à M. Ferrari qu'une œuvre nouvelle ne comporte pas seulement ce qu'il y a en elle de création personnelle, mais aussi des éléments du domaine public; il ne peut être interdit de faire un nouveau travail sur ces éléments en leur donnant une nouvelle forme et créant ainsi une nouvelle œuvre, la forme (*creatura*) est personnelle à son auteur, l'idée (*creazione*) peut être reprise par tous.

M. Ricordi pense que les explications de M. Camarano sont contraires au principe même du droit d'auteur. Il faut insister sur la protection de ce qu'il y a de personnel dans toute œuvre; car, si les éléments d'une œuvre appartiennent au domaine public, c'est la personnalité de l'auteur qui les unit dans l'œuvre.

M. Mascagni a appris à ses dépens, par le procès qui lui a été fait pour la *Cavaleria rusticana*, qu'on ne peut se servir de l'idée d'autrui même en faisant une œuvre personnelle et dans une forme nouvelle.

M. Maillard répond à M. Camarano que si on prend les principaux éléments d'une œuvre d'autrui même en y ajoutant des éléments personnels on fait quelque chose d'illicite, comme en perfectionnant une invention dont on n'est pas l'auteur, à moins que dans ce travail de transformation ait disparu ce qui caractérisait l'œuvre primitive.

Il restera toujours une question de fait délicate que l'article 6 ne tranche pas ; ce sera aux tribunaux de dire quand il y aura ou non dramatisation du roman ou œuvre indépendante. Quand le dramaturge aura pris les personnages du roman, le plan, les situations, les péripéties; il y aura bien là contrefaçon, nul ne peut le nier. Quand il y aura simplement emprunt d'une idée, et qu'elle aura été traitée à nouveau de façon personnelle l'article 6 n'atteindra pas le dramaturge.

M. Mack, sur la proposition de M. Pesce, pense qu'en effet l'exploitation d'une œuvre doit être réservée à l'auteur; il rappelle le numéro 4 des propositions de son rapport: en adoptant ce système, on répondrait à la juste idée de M. Pesce. Il recommande d'étudier cette question pour un Congrès ultérieur.

L'article 6 est adopté.

Art. 7.

« L'auteur ne peut interdire les analyses et courtes citations faites de son œuvre dans un but de critique, de polémique ou d'enseignement avec indication du nom de l'auteur et de la source utilisée.

« Les discours prononcés dans les Assemblées délibérantes ou dans les réunions publiques peuvent être reproduits dans un but d'information. »

Le Rapporteur indique que, conformément au vote du Congrès de Monaco, le principe du droit de citation a été proclamé, sans que l'auteur, lorsqu'il a fait appel au jugement du public en *publiant* son œuvre, puisse s'y opposer.

L'article est adopté sans discussion.

Art. 8.

« Toutes œuvres qui ont paru dans les journaux ou recueils périodiques ont droit à la protection sans nécessité d'aucune mention de réserve. »

Le Rapporteur rappelle que ce sont les principes adoptés par les Congrès de la Presse comme par les nôtres et que la rédaction en a été généralisée conformément à la proposition de M. Constant, à Monaco, visant, non plus seulement *les écrits*, mais *toutes œuvres* qui ont paru dans les journaux ou recueils périodiques pour englober les dessins ausi bien que les articles ; les œuvres dont il est question ici sont naturellement énumérées par l'article 1er.

L'article est adopté sans discussion.

Art. 9.

« Le droit de reproduction est indépendant du droit de propriété sur l'objet matériel (manuscrit ou original) ; la cession de l'objet matériel n'emporte donc pas par elle-même cession des droits de reproduction et réciproquement.

« La cession des droits appartenant à l'auteur (droit de publication, représentation, exécution, traduction, etc.) doit toujours être interprété restrictivement.

« L'auteur qui a cédé ses droits de reproduction conserve, quand il n'a pas fait abandon de sa qualité d'auteur, le droit de poursuivre les contrefacteurs, de surveiller la reproduction de son œuvre et de s'opposer à toutes modifications faites sans son consentement.

« L'auteur qui a cédé l'objet matériel constituant son œuvre a le droit de s'opposer à toute exhibition publique de l'œuvre si elle a été modifiée sans son consentement. »

Le Rapporteur note que, sur la demande de M. Harmand, le mot *original* a été employé dans le premier paragraphe pour désigner les œuvres d'art.

Pour préciser le sens du mot « original », il y aura lieu de se reporter au travail présenté par M. Harmand au Congrès de Monaco (page 103).

M. Trincherie ne peut approuver l'alinéa 4 qui, à son avis, constituerait des restrictions excessives au droit de propriété sur l'objet matériel. On ne pourrait, sous le régime de cette loi, modifier la façade d'une maison sur laquelle se trouve une peinture.

M. Ferrari répond qu'il faut considérer la base du contrat qui intervient entre l'auteur et l'acquéreur et qui ne confère pas à ce dernier un *jus utendi et abutendi*. Par respect pour l'œuvre d'art, le propriétaire sera limité dans l'exercice de son droit. Mais il va plus loin que le rapporteur ; il voudrait dire que toute exhibition publique de l'œuvre dans un but de spéculation doit être soumise au consentement de l'artiste.

M. Pesce va plus loin encore : il assimilerait l'exhibition de l'œuvre d'art à l'exécution d'une œuvre musicale.

Le Rapporteur rappelle que la question de savoir si l'acquéreur de l'œuvre d'art peut l'exposer publiquement et en tirer profit vient d'être réservée. On n'est plus en présence que de la critique de M. Trincheri. Elle est juste en elle-même, car il est évident que le propriétaire peut jouir de sa maison comme bon lui semble sans être à la merci de son architecte ou de son décorateur.

Ce que nous avons voulu faire respecter, c'est le droit moral de l'artiste, c'est empêcher non le déplacement d'une peinture ou d'une sculpture, non le réaménagement d'une maison, mais tout emploi qui pourrait nuire à la réputation de l'artiste, toute modification notable à l'œuvre elle-même. Il faut laisser aux tribunaux le soin d'appliquer cette disposition avec le bon sens et l'équité.

M. Trincheri ne peut accepter la thèse de M. Ferrari, mais il se rallie volontiers à l'article tel qu'il est interprété par le rapporteur.

M. Pesce revient sur le droit, pour l'auteur, à participer aux profits venant de l'exhibition de l'œuvre.

M. Pellegrini voudrait qu'on établit un Code pour régler les droits respectifs des parties quand il n'y a pas de contrat entre l'artiste et l'acquéreur de l'œuvre d'art.

L'article 9 est adopté.

Art. 10.

« Toute reproduction illicite, dans les termes de l'article 6, d'une œuvre, publiée ou non, constitue le délit de contrefaçon.

« Ceux qui, sciemment, vendent, exposent en vente ou introduisent de l'étranger, dans un but commercial, des objets contrefaits sont coupables du même délit. »

M. Wauwermans propose le texte suivant :

« Toute reproduction illicite dans les termes de l'article 6 d'une œuvre publiée ou non constitue une contrefaçon, *elle donne lieu à réparation civile et, le cas échéant, à la répression pénale.* »

Le Rapporteur croit nécessaire de dire expressément que la

contrefaçon doit être un délit ; c'est là une notion qui sera comprise par les législateurs de tous les pays.

M. Ferrari demande qu'on prévoie les poursuites d'office.

M. Trincheri s'associe à cette proposition.

Le Rapporteur n'a pas jugé cette addition nécessaire. Pour les conditions d'action du ministère public ou de la partie lésée on se reportera au droit pénal de chaque pays ; il faut se garder dans le projet d'unification sur les règles intérieures du droit civil et pénal. Néanmoins il accepterait l'addition proposée par M. Ferrari si elle est, au point de vue italien, d'une importance particulière et si elle ne rencontre pas d'opposition dans l'assemblée.

M. Ferrari insiste et propose d'ajouter à l'alinéa 1 : « dont la poursuite aura lieu d'office ».

L'alinéa 1 est d'abord mis aux voix sans cette adjonction ; il est adopté.

Puis l'adjonction est repoussée. L'ensemble de l'article est adopté.

Art. 11.

« La présente loi s'applique à tous les auteurs, quelle que soit leur nationalité et en quelque lieu que l'ouvrage ait paru pour la première fois. »

Le Rapporteur ajoute que ce serait la conclusion naturelle et le couronnement de l'œuvre d'unification.

M. Ricordi, comme sanction au projet dont les articles ont été successivement adoptés, dépose l'ordre du jour suivant signé également de MM. Auguste Ferrari, Guiseppe Giacosa. Ed. Mack, Pietro Macagni, Maximilien Mintz, Albert Osterrieth, Panattoni, Perce :

« Le vingtième Congrès de l'Association littéraire et artistique internationale réuni à Turin, approuvant le projet d'unification des lois sur le droit d'auteur de M. Georges Maillard, émet le vœu que les Etats, dans les études et les délibérations sur les modifications aux lois actuelles sur le droit d'auteur, veuillent tenir compte des principes proclamés dans ce projet et tout spécialement de ceux contenus dans les articles 1, 2, 6, 8 et 9. »

M. Maillard tient à faire remarquer qu'il n'est que le rapporteur du projet qui a été élaboré d'accord avec la Commission du travail ; il fera connaître à celle-ci l'accueil sympathique que le projet a reçu à Turin.

La proposition de M. Ricordi est adoptée à l'unanimité.

Rapport sur la situation de la propriété littéraire et artistique en Allemagne.

M. OSTERRIETH fait connaître qu'en Allemagne la revision de la législation sur les droits d'auteur est à l'ordre du jour ; il demande en conséquence que le Congrès émette un vœu spécial qui appuiera les adhérents allemands de l'Association dans les démarches qu'ils feront auprès des Sociétés intéressées et du gouvernement pour assurer la revision dans un sens conforme aux idées qui nous sont chères.

« Le Congrès de Turin, considérant qu'une revision de la législation allemande sur les droits d'auteur est actuellement à l'étude,

Emet le vœu que cette revision soit faite conformément aux principes qui ont été votés successivement par les Congrès de l'Association et qui ont été réunis dans le projet de loi modèle adopté par les Congrès de Berne, de Monaco et de Turin, et qu'en tous cas :

1° Que les diverses lois existant actuellement sur la matière soient réunies en une loi unique ;

2° Que les énumérations des œuvres protégées contenues dans les lois actuelles soient remplacées par une définition générale embrassant toutes les œuvres de l'esprit ;

3° Qu'il ne soit établi aucune distinction entre les différents modes de reproduction d'une même œuvre ;

4° Que la durée du droit d'auteur soit étendue, en principe au moins, à cinquante ans après la mort de l'auteur, et fixée à cinquante ans après la date de la publication pour les œuvres anonymes et posthumes ;

5° Que le droit de traduction soit assimilé aux droits de reproduction ;

6° Que le droit de citation soit limité strictement aux besoins de la critique et de l'enseignement ;

7° Que le droit de libre reproduction des discours politiques soit limité aux nécessités de l'information et de la discussion politique ;

8° Que la libre reproduction des articles de journaux soit strictement limitée aux nécessités de l'information et de la discussion politique ;

9° Que les œuvres d'architecture soient assimilées complètement aux autres œuvres des beaux-arts ;

10° Que l'auteur conserve tous ses droits sur celles de ses œuvres qui sont placées dans des lieux publics ;

11° Que toute distinction soit supprimée entre les œuvres d'art en général et celles appliquées à l'industrie ;

12° Que toute personne puisse interdire la publication de son portrait. »

Cette proposition est adoptée à l'unanimité.

La séance est levée à quatre heures.

Le Secrétaire,
A. OSTERRIETH.

MARDI 27 SEPTEMBRE

MATIN

SÉANCE DE CLOTURE.

La séance est ouverte à neuf heures moins le quart sous la présidence de M. Chaumat.

M. OSTERRIETH lit le procès-verbal de la dernière séance qui est approuvé.

Des œuvres posthumes.

M. DUPONT donne connaissance du rapport de M. Rœthlisberger qui conclut en ces termes :

« Il est désirable que, lors des revisions futures des lois nationales, le législateur choisisse comme point de départ du délai de protection à accorder au publicateur légitime d'une œuvre posthume littéraire ou artistique la fin de l'année de la première publication de cette œuvre. Les moyens de preuve, d'après le droit commun, suffisent complètement pour constater le fait de la publication en cas de contestation. »

M. MAILLARD pense que l'article 5 du projet d'unification réservé à la dernière séance donne satisfaction dans son principe aux propositions de M. Rœthlisberger, puisqu'il est ainsi conçu :

« Quiconque fait éditer une œuvre posthume dont il est en droit de disposer jouit du droit exclusif de reproduction pendant quatre-vingts ans à dater du jour de la première publication de cet ouvrage.

« Sont considérées comme œuvres posthumes les œuvres qui n'ont pas été éditées du vivant de l'auteur et celles qui auraient été éditées durant cette période sans son consentement. »

Il est vrai que cet article fait partir le délai du jour de la publication, tandis que M. Rœthlisberger le compte de la fin de l'année de cette publication. Mais ce n'est là qu'un bien petit détail et il semblera sans doute au Congrès préférable de maintenir le calcul des délais de jour à jour aussi bien pour les œuvres posthumes que pour la durée normale du droit d'auteur.

M. FERRARI constate qu'en effet la proposition de M. Rœthlisberger fait double emploi avec l'article 5 du projet de M. Maillard et il préfère la rédaction de ce dernier; il demande le vote de l'article tel quel afin de compléter le projet d'unification adopté dans la précédente séance.

L'article 5 du projet d'unification est adopté.

M. LE PRÉSIDENT fait observer qu'il n'y a plus, en conséquence, à statuer sur la proposition de M. Rœthlisberger et qu'il reste seulement à remercier celui-ci de son intéressant travail et M. Dupont qui a bien voulu se faire son interprète.

Rapport sur la situation de la propriété littéraire et artistique en Belgique.

M. WAUWERMANS fait connaître qu'en Belgique la question des exécutions musicales a été particulièrement agitée.

M. GEORGES MAILLARD donne communication au Congrès d'une lettre de notre ami et vice-président Ocampo qui signale que son œuvre *Une Passion* a été publiée mot à mot avec d'infimes variantes par l'éditeur belge Kistemaeckers, sous le titre *Aimer* qui est emprunté à une citation de l'œuvre originale, et avec un nouveau nom d'auteur, *Etienne Richet*; le contrefacteur s'est contenté de changer les noms des personnages en mettant, par exemple, Du Viviers au lieu de Valcarès ou formant le nouveau nom avec les initiales ou les allitérations du nom original.

L'auteur et ses éditeurs français qui n'ont été mis au courant que par hasard et n'ont reçu aucune demande d'autorisation ni aucune rétribution du contrefacteur belge ont, naturellement, introduit un procès en Belgique. Mais il a paru intéressant de signaler le fait au Congrès. Malgré l'excellente loi belge, les mauvaises habitudes de contrefaçon n'ont pas encore été tout à fait extirpées en Belgique.

M. WAUWERMANS répond que ni la loi belge ni la Belgique ne sauraient être responsables du manque de scrupule d'un éditeur, que, du reste, le pseudo auteur dont le nom figure sur la couverture de la contrefaçon est un Français, rédacteur à un petit journal parisien.

Rapport sur le mouvement législatif en Angleterre.

M. GEORGES MAILLARD résume le rapport de M. Iselin qui fait connaître où en sont les projets de réforme en Angleterre.

Il signale, en outre, un tout récent article de M. Rœthlisberger, dans le *Droit d'auteur* du 15 septembre, qui montre comment les effets de la Convention de Berne se trouvent anéantis, au détriment des auteurs unionistes, notamment par l'article 6 de la loi du 25 juin 1886 qui, tel qu'il est interprété par les tribunaux anglais, se trouve en contradiction formelle avec l'esprit de l'article 14 de la Convention. En effet, cet article stipule que « la Convention, sous les réserves et conditions à déterminer d'un commun accord s'applique à toutes les œuvres qui, au moment de son entrée en vigueur, ne sont pas encore tombées dans le domaine public dans leur pays d'origine. « Il est vrai que l'article 4 du protocole de clôture prévoit que, à défaut de conventions spéciales, les pays respectifs régleront, chacun pour ce qui le concerne par la législation intérieure, les modalités relatives à l'application du principe contenu à l'article 14.

Mais ces modalités ne peuvent pas aller, en fait, à moins de violer le principe de l'article 14, jusqu'à paralyser indéfiniment les droits de l'auteur. Or, l'article 6 de la loi sur le Copyright international dit que, dans le cas où, avant la promulgation d'une ordonnance (assurant la protection aux œuvres étrangères) une personne aurait publié légalement une œuvre dans le Royaume-Uni, rien dans cet article ne viendra apporter diminution ou préjudice aux intérêts ou droits, nés ou résultant d'une telle publication, qui subsistent et sont reconnus valables à ladite date. « Et la jurisprudence interprète cet article en ce sens qu'un éditeur qui a publié en Angleterre, avant le 6 décembre 1887, date de l'entrée en vigueur de la Convention, une œuvre étrangère qui a droit au bénéfice de cette Convention, peut, non seulement écouler les exemplaires tirés à cette date, mais encore utiliser ses planches pour en tirer de nouveaux exemplaires et même céder ce droit et les détenteurs des partitions d'orchestre auront le droit d'exécuter l'œuvre.

En fait, l'éditeur anglais aura donc un monopole absolu sur la reproduction, la représentation, l'exécution de l'œuvre, car l'auteur qui seul pourra juridiquement lui faire concurrence ne trouvera, en réalité, aucun éditeur anglais pour faire, dans ces conditions, les frais de nouvelles planches.

Il y a lieu, semble-t-il, de profiter de la refonte de la législation anglaise pour protester contre cette situation, ainsi que contre les autres obstacles, signalés dans nos Congrès antérieurs, que la loi anglaise sur le Copyright international a opposés à l'application de la Convention de Berne. L'ordre du jour suivant est proposé par plusieurs membres du Congrès :

« Le Congrès, considérant que la loi anglaise sur le Copyright international n'est pas en accord complet avec le texte de la Convention de Berne, que, notamment l'article 6 de la loi anglaise du 25 juin 1886, tel qu'il est interprété par la jurisprudence, est en opposition avec le principe posé dans l'article 14 de la Convention de Berne et entraîne des violations flagrantes et nombreuses des droits des auteurs et des artistes, émet le vœu que des démarches diplomatiques soient faites auprès du gouvernement britannique pour que le nouveau texte de la loi anglaise actuellement à l'étude soit mis en accord complet avec celui de la Convention de Berne et assure notamment l'application du principe de l'article 14 de cette Convention, c'est-à-dire la protection réelle de l'œuvre qui n'était pas tombée dans le domaine public au pays d'origine, même contre l'éditeur qui l'avait publiée en Angleterre sans le consentement de l'auteur avant cette date. »

Ce vœu est adopté à l'unanimité.

Rapport sur la situation de la propriété littéraire et artistique en Autriche-Hongrie.

M. OSTERRIETH présente à l'approbation du Congrès le vœu suivant :

« Le Congrès,

« Considérant que l'Autriche et la Hongrie figurent parmi les pays à grande production littéraire et artistique ;

« Qu'il serait à la fois juste en principe, et utile aux artistes et aux auteurs nationaux aussi bien qu'aux étrangers, que la protection légale fût accordée réciproquement à ces derniers d'une manière complète ;

« Donne mission au bureau de l'Association littéraire et artistique internationale de faire une nouvelle démarche auprès des autorités compétentes de l'Autriche et de la Hongrie, en vue de hâter l'accession à l'Union de 1886 des deux parties de la monarchie. »

Ce vœu est adopté à l'unanimité.

Du droit de propriété littéraire et artistique dans les régimes matrimoniaux.

« M. MACK présente, *au nom de M. Beaume* qui n'a pu se rendre à Turin, la proposition suivante dont il développe les motifs :

« La propriété d'une œuvre littéraire ou artistique est essentiellement personnelle à son auteur, qui a seul le droit d'en disposer de son vivant.

« Par suite, en cas de mariage et quel que soit le régime adopté, les fruits ou droits d'auteur perçus pendant la vie commune sont seuls partageables. Après la cessation de la vie commune par décès, séparation de corps ou divorce, le droit de propriété de l'œuvre littéraire produite pendant le mariage reste en propre à l'auteur. »

M. TRINCHERI observe que c'est là une question touchant trop intimement au régime matrimonial, c'est-à-dire au droit civil de chaque pays et qui, par conséquent, échappe au programme d'un Congrès littéraire et artistique international.

M. MACK ne méconnaît pas que le second alinéa de la proposition de M. Beaume, tout en donnant une solution qui satisfait pleinement le bon sens et l'équité, a quelque chose d'un peu spécial pour un Congrès comme le nôtre.

En son nom personnel, il souhaiterait de voir élargir la question et, maintenant le principe tel qu'il est inscrit dans le premier alinéa de M. Beaume, il proposerait de généraliser le second alinéa en ces termes :

« Les droits des créanciers et ceux du conjoint de l'auteur ne peuvent pas s'exercer sur la propriété, mais seulement sur les produits de l'œuvre. »

M. TRINCHERI pense que ce sont là des questions difficiles qui ont besoin d'une étude préparatoire et seront plus utilement étudiées dans un Congrès ultérieur.

Le Congrès décide que les propositions de MM. Beaume et Mack seront mises à l'étude en vue d'un prochain Congrès.

De la protection des œuvres scientifiques.

M. PESCE fait observer que le titre du programme n'était point en accord avec l'intitulé de la proposition formulée par M. Louis Gastine. Il regrette qu'on ne s'en soit pas tenu au titre du programme : « De la protection des œuvres scientifiques », qui est le plus étendu, et que M. Gastine n'ait pu présenter son rapport au Congrès.

Il se rend compte que le Congrès n'a plus le temps nécessaire pour étudier cette importante question avec le développement qu'elle comporte, mais il voudrait qu'elle fût mise à l'étude en termes précis et formels, et il dépose l'ordre du jour suivant :

« Toute œuvre de l'intelligence et de la pensée qui ne se trouve actuellement protégée par aucune disposition légale a droit à la protection au même titre que toutes les autres manifestations de l'esprit.

« Le vingtième Congrès de l'Association littéraire et artistique internationale émet le vœu de voir l'Association élargir son cadre actuel et étendre son action à toute production intellectuelle. »

M. TRINCHERI appuie la résolution présentée par M. Pesce et demande qu'elle fasse l'objet d'une étude pour le prochain Congrès.

Cette proposition est adoptée sans discussion.

M. LE PRÉSIDENT remercie les membres du Congrès de leur assiduité et de leur zèle.

Il déclare close la vingtième session du Congrès de l'Association littéraire et artistique internationale.

ANNEXES

I

VŒUX

I

De la propriété des dessins et modèles d'art appliqués à l'industrie.

Le Congrès émet le vœu que dans toutes les législations toutes les œuvres des arts graphiques et plastiques soient également protégées, quels que soient le mérite, l'importance, l'emploi et la destination même industrielle de l'œuvre et sans que les cessionnaires soient tenus à d'autres formalités que celles imposées aux auteurs.

II

Des rapports entre auteurs et éditeurs.

Le Congrès, prenant acte de la communication qui lui est faite, et par les éditeurs français et par M. Trèves au nom des éditeurs italiens, les remercie de leurs travaux,
Et continue l'étude du contrat d'édition.

III

Du droit moral.

Les héritiers ou ayants droit de l'auteur ne peuvent apporter à son œuvre, sans son consentement, exprès ou tacite, aucun changement, addition, remaniement ou retranchement. Les modifications doivent d'ailleurs toujours être indiquées d'une façon claire et précise.

Même après l'expiration du droit exclusif de l'auteur, toute publication qui constituera une dénaturation de l'œuvre devra être réprimée comme délictueuse.

IV
De la durée du droit.

Il y a lieu, après l'expiration du droit de l'auteur et de ses héritiers ou ayants cause, d'établir le domaine public payant.

V
De la propriété des articles de journaux.

1º Il est désirable que les articles de journaux soient protégés comme toutes autres œuvres de l'esprit, sans nécessité d'aucune mention de réserve ;
2º Toutefois, il faut admettre un droit de citation dans la mesure des besoins de la discussion politique ;
3º La reproduction d'une information de presse pure et simple est interdite lorsqu'elle revêt un caractère de concurrence déloyale.

VI
De la caution *judicatum solvi*.

Le Congrès, maintenant ses résolutions antérieures sur la suppression de la caution ci-dessus en matière de propriété littéraire et artistique, émet le vœu que tous les Etats de l'Union ratifient le plus promptement possible la Convention de la Haye et donne mission au Comité exécutif d'agir en ce sens par les moyens qu'il jugera convenables.

VII
De la propriété littéraire en Russie.

Le Congrès, considérant que le projet soumis à l'Association littéraire et artistique internationale par la Commission impériale de rédaction du Code russe, en 1897, a fait entrer dans son texte des principes souvent proclamés par l'Association dans les divers Congrès organisés par elle et qu'elle désire voir prendre place dans toutes les législations sur le droit d'auteur, notamment en ce qui concerne le droit moral de l'auteur, la reproduction intégrale de l'œuvre et la restriction du droit de saisie des œuvres, la réglementation de la collaboration, le droit de traduction et le contrat d'édition;
Considérant que la réussite de tout effort pour l'unification des législations concernant les littérateurs et les artistes est pour l'Association une vive satisfaction ;
Exprime le vœu que la nouvelle législation russe protège, dans la mesure la plus libérale, les droits des auteurs, écrivains, artistes et musiciens;

Souhaite vivement que cette nouvelle législation accorde aux étrangers à charge de réciprocité dans leur législation ou, par suite des conventions diplomatiques, les droits reconnus aux sujets russes.

Et espère que dans un délai prochain l'Empire russe adhérera à la Convention de Berne.

VIII
Sur la propriété des œuvres d'architecture.

Le Congrès,

Considérant que, s'inspirant du vœu adopté par le premier Congrès international de la propriété artistique tenu à Paris en 1878, l'Association littéraire et artistique internationale a, dans divers Congrès tenus à Madrid 1887, Neuchâtel 1891, Milan 1892, Barcelone 1893, Anvers 1894, Berne 1896 et Monaco 1897, émis le vœu que les œuvres d'architecture soient protégées comme les œuvres de peinture, de sculpture et des autres arts du dessin;

Considérant que ce vœu a été adopté par les trois derniers Congrès internationaux des architectes tenus à Paris en 1878 et en 1889 et à Bruxelles en 1897;

Considérant que l'acte de Paris de 1896 n'a pu, en raison de la législation de deux pays, l'Allemagne et la Grande-Bretagne, adhérents à la Convention de Berne, accorder aux architectes une protection complète et uniforme dans toute l'étendue de l'Union;

Considérant que les dessins d'architecture comprenant les plans, coupes, élévations, détails de façades extérieures et intérieures, détails décoratifs et autres en général, constituent l'original de l'œuvre de l'architecte;

Renouvelle le vœu que les œuvres d'architecture doivent jouir de tous les droits de propriété artistique reconnus aux œuvres de peinture, de sculpture et des autres arts en vertu des législations et des conventions internationales,

Et souhaite que cette protection soit complètement réalisée dans la prochaine revision de la Convention de Berne.

Il est convenu que le Congrès entend que la protection de la loi soit accordée aux œuvres d'architecture quel que soit l'auteur et que le mot architecture doit se prendre dans sa plus large acception.

IX
Projet d'unification des lois sur le droit d'auteur.

Le vingtième Congrès de l'Association littéraire et artistique internationale, approuvant le projet d'unification des lois sur le droit d'auteur de M. Georges Maillart, émet le vœu que les Etats, dans les études et délibérations sur les modifications aux lois actuelles sur le droit d'auteur, veuillent tenir compte des principes proclamés dans ce projet et tout spécialement de ceux contenus dans les articles 1er, 2, 6, 8 et 9.

X
De la législation allemande sur le droit d'auteur.

Le Congrès de Turin, considérant qu'une revision de la législation allemande sur les droits d'auteur est actuellement à l'étude,

Emet le vœu que cette revision soit faite conformément aux principes qui ont été votés successivement par le Congrès de l'Association et qui ont été réunis dans le projet de loi type adopté par les Congrès de Berne, de Monaco et de Turin.

Et qu'en tous cas : 1° les diverses lois existant actuellement sur la matière soient réunies en une loi unique ; 2° que les énumérations des œuvres protégées contenues dans les lois actuelles soient remplacées par une définition générale, embrassant toutes les œuvres de l'esprit ; 3° qu'il ne soit établi aucune distinction entre les divers modes de reproduction d'une même œuvre ; 4° que la durée du droit d'auteur soit étendue en principe au moins à cinquante ans après la mort de l'auteur et fixée à cinquante ans après la date de publication pour les œuvres anonymes et posthumes ; 5° que le droit de traduction soit assimilé au droit de reproduction ; 6° que le droit de citation soit limité strictement aux besoins de la critique et de l'enseignement ; 7° que le droit de libre reproduction des discours politiques soit limité aux nécessités de l'information et de la discussion politique ; 8° que la libre reproduction des articles de journaux soit strictement limitée aux nécessités de l'information et de la discussion politique ; 9° que les œuvres d'architecture soient assimilées complètement aux autres œuvres des beaux-arts ; 10° que l'auteur conserve tous ses droits sur celles de ses œuvres qui sont placées dans des lieux publics ; 11° que toute distinction soit supprimée entre les œuvres d'art en général et celles appliquées à l'industrie ; 12° que toute personne puisse interdire la publication de son portrait.

XI
De la législation en Angleterre.

Le Congrès, considérant que la loi anglaise sur le copyright international n'est pas en accord complet avec le texte de la convention de Berne, que notamment l'article 6 de la loi anglaise du 25 juin 1886, tel qu'il est interprété par la jurisprudence est en opposition avec le principe posé dans l'article 14 de la convention de Berne et entraîne des violations flagrantes et nombreuses des droits des auteurs et des artistes ;

Emet le vœu que des démarches diplomatiques soient faites auprès du gouvernement britannique pour que le nouveau texte de la loi actuellement à l'étude soit mis en accord complet avec celui de la convention de Berne et assure notamment l'application du principe de l'article 14 de cette convention, c'est-à-dire la protection réelle de l'œuvre qui n'était pas tombée dans le domaine public au pays d'origine, même contre l'éditeur qui l'avait publié en Angleterre, sans le consentement de l'auteur, avant cette date.

XII
De la législation en Autriche-Hongrie.

Le Congrès,

Considérant que l'Autriche et la Hongrie figurent parmi les pays à grande production littéraire et artistique;

Qu'il serait à la fois juste en principe et utile aux artistes et aux auteurs nationaux aussi bien qu'aux étrangers que la protection légale fût accordée réciproquement à ces derniers d'une manière complète;

Donne mission au bureau de l'Association de faire une nouvelle démarche auprès des autorités compétentes, en vue de hâter l'accession à l'union de 1886 des deux parties de la monarchie.

XIII
De la protection des Œuvres scientifiques.

Toute œuvre de l'intelligence et de la pensée qui ne se trouve actuellement protégée par aucune disposition légale a droit à la protection au même titre que toutes les autres manifestations de l'esprit.

Le vingtième Congrès de l'Association littéraire et artistique internationale, émet le vœu de voir l'Association élargir son cadre actuel et étendre son action à toute production intellectuelle.

II

LA PROTECTION DES ŒUVRES POSTHUMES

Exposé « de lege lata » et « de lege ferenda ».

La dernière conférence de Paris, chargée de reviser le texte de la Convention de Berne, a décidé d'insérer dans l'acte additionnel du 4 mai 1896 la disposition nouvelle suivante, qui forme le cinquième alinéa de l'article 2 remanié :

Les œuvres posthumes sont comprises parmi les œuvres protégées.

Cette adjonction, votée sans discussion, tellement elle semblait rentrer dans l'économie générale de la Convention d'Union et interpréter celle-ci, a eu pour effet d'assurer aux œuvres posthumes le bénéfice du traitement national dans tous les pays signataire de l'acte additionnel, c'est-à-dire dans tous les pays unionistes, sauf la Norvège.

Ce fait justifie pleinement qu'on s'occupe, d'une part, du nouveau régime à l'égard de ces œuvres et, d'autre part, des améliorations futures que ce premier pas modeste fait dans la voie de la codification internationale rend désirables.

I

En raison de la nature spéciale les œuvres posthumes, le législateur s'est surtout préoccupé de déterminer la durée de protection dont elles sont admises à jouir. Sous ce rapport on peut distinguer l'application de *trois systèmes* différents établis dans les lois concernant le droit d'auteur (1) :

1. Le premier système consiste à protéger une œuvre semblable pendant un certain *délai à partir de la mort de l'auteur*. Ce système s'inspire de la tendance à abandonner, en règle générale, au domaine public toutes les œuvres d'un auteur à la fois et à la même date, que ces œuvres aient paru de son vivant ou seulement après son décès. Telle est la règle suivie par un groupe de pays germaniques.

---

(1) V. à ce sujet les données plus explicites publiées dans une étude intitulée : *La Convention de Berne et le revision de Paris (Œuvres posthumes. Droit d'auteur*, 1898, p. 53 à 57.

En *Allemagne*, le délai est de trente ans *post mortem auctoris* (loi du 11 juin 1870, art. 12; loi du 9 janvier 1876, art. 11) pour les œuvres posthumes littéraires et artistiques. Il en est de même en *Autriche* (loi du 26 décembre 1895, art. 43, al. 2); toutefois, pour les œuvres posthumes parues dans les derniers cinq ans de ce délai de trente ans, la protection s'étend encore, dans ce pays, à cinq ans après la publication. En *Hongrie* (loi de 1884, art. 14 et 55), le délai est de cinquante ans *post mortem* Si l'œuvre est publiée entre la quarante-cinquième et la cinquantième année après la mort de l'auteur, elle jouit d'une protection de cinq ans après la publication.

Contrairement à l'opinion des spécialistes étrangers, il y aurait lieu d'ajouter à ce groupe l'*Espagne*. La loi du 19 janvier 1879 définit les œuvres posthumes, mais ne règle pas expressément la durée de protection à leur égard. D'après le commentateur Julio de las Cuevas Garcia, la protection expire, comme pour les autres œuvres d'un auteur, quatre-vingts ans après la mort de ce dernier.

2. Le second système est basé sur l'*assimilation du propriétaire d'une œuvre posthume à l'auteur* de cette œuvre. Le publicateur est donc investi des mêmes droits sur l'œuvre que s'il en était lui-même l'auteur. En conséquence, la protection se règle d'après le décès de ce publicateur et dure encore un certain temps au profit de ses ayants cause.

Ce système a été consacré en *France* (décret du 22 mars 1805), en faveur du « propriétaire par succession ou à d'autre titre » d'un ouvrage posthume littéraire, musical et dramatique. Cependant, comme, au moment de la promulgation dudit décret, la protection légale s'arrêtait dix ans après la mort de l'auteur, les tribunaux ont, dans presque tous les cas, admis que le droit privatif des héritiers ou autres ayants droit du propriétare du manuscrit publié, allait seulement jusqu'à cette limite. Au contraire, les spécialistes, surtout MM. Pouillet et Darras, ont, avec de forts bons arguments, soutenu la thèse que les prorogations ultérieures du délai de protection, porté par des révisions successives (1810, 1854, 1866) jusqu'à cinquante ans, *post mortem*, profitent également aux héritiers et ayants droit précités, ainsi que l'a reconnu, du reste, l'arrêt du tribunal de la Seine du 11 août 1876 (1). Ce point n'est pas encore définitivement tranché.

En revanche, les œuvres d'*art* posthumes non visées dans le décret de 1805 seraient traitées, d'après les mêmes spécialistes, conformément au premier système indiqué plus haut, et protégées comme les autres œuvres, c'est-à-dire pendant cinquante ans après la mort de l'*artiste* (2).

---

(1) V. Pouillet, *Traité théorique et pratique de la propriété littéraire et artistique*, 3ᵉ édit., p. 413; Darras, *Du Droit des auteurs et des artistes dans les rapports internationaux*, p. 437. Huard et Mack, *Répertoire de législation, de doctrine et de jurisprudence en matière de propriété littéraire et artistique*, p. 66. (V. les sources indiquées en note).

(2) M. Mettetal, dans son rapport sur les œuvres posthumes, présenté au Congrès de Dresde de 1895, émet un avis contraire.

Une disposition analogue à celle dudit décret du 1er germinal an XIII se trouve dans l'article 4 de la loi de *Haïti* (1).

Ce système, qui traite le publicateur comme un véritable auteur, est suivi par la *Colombie* (loi du 26 octobre 1886, art. 48), par le *Guatémala* (décret du 29 octobre 1879, art. 9 : « En ce qui concerne les œuvres posthumes, les héritiers et cessionnaires auront les mêmes droits que l'auteur »), par le *Mexique* (Code de 1884, art. 1142 et 1143, 1165 et 1181); par la *Roumanie* (Règlement de 1863, art. 4) et le *Venezuela* (loi du 17 mai 1894, art. 38).

3. D'après le troisième système, le délai de protection court à partir de la *publication de l'œuvre*, quelle que soit la distance qui sépare cette publication du jour du décès de l'auteur.

Parmi les pays unionistes qui ont adopté cette solution, il faut citer la *Suisse* (loi de 1883, art. 2, al. 2), où le délai est de trente ans à partir de la publication de l'œuvre posthume ; la *Grande-Bretagne* (loi de 1842, art. 3), où il est de quarante-deux ans pour les œuvres littéraires; la *Belgique* (loi de 1886, art. 4) ; le *Luxembourg* (loi du 10 mai 1898, art. 4) et *Monaco* (Ord. de 1889, art. 9), où il est de cinquante ans après la publication. Les commentateurs de la loi italienne du 19 septembre 1882 croient pouvoir soutenir également, malgré l'absence d'une disposition formelle, que les œuvres posthumes sont protégées, en *Italie*, pendant quatre-vingts ans après la publication (2).

La grande majorité des pays non unionistes figurent dans ce groupe de législations, le plus nombreux de trois. Le délai qui a la préférence est celui de cinquante ans *post publicationem;* les pays suivants l'ont adopté : *Bolivie* (décret du 13 août 1879, art. 15); *Equateur* (loi du 13 août 1877, art. 11); la *Finlande* (loi du 13 mars 1870, art. 3); le *Portugal* (art. 585); la *Russie* (art. 1185 du Code civil) et la *Suède* (loi du 28 mai 1897, art. 8). Le *Chili* (loi du 24 juillet 1834, art. 5) a un délai de dix ans ; le *Pérou* (loi du 3 novembre 1849, art. 5), un délai de trente ans après la publication; le *Japon* (ord. du 28 décembre 1887, art. 10), un délai de trente-cinq ans à partir du mois de l'inscription. Au *Danemark* les œuvres posthumes sont protégées trente ans, après la fin de l'année de la première édition (loi du 29 décembre 1857, art. 6), mais le domaine public est complet pour les œuvres d'un auteur cinquante ans après sa mort (loi du 12 avril 1889). La *Norvège*, qui n'a pas encore adhéré à l'acte additionnel, semble également permettre au domaine public de s'emparer définitivement de toutes les œuvres d'un auteur, même des œuvres inédites, cinquante ans après son décès, délai de protection ordinaire établi par l'article 21 de la loi du 4 juillet 1893. (V., toutefois, *Droit d'auteur*, 1898, p. 54, note *in fine*.)

Pour les pays unionistes signataires de l'acte additionnel, cette

---

(1) Protection pendant la vie de l'auteur et vingt ans *post mortem*, pour ses enfants, etc., à défaut d'enfant, dix ans pour les autres héritiers.

(2) Le Monténégro et la Tunisie ne possèdent pas de dispositions sur la matière.

variété de délais est d'autant plus importante qu'en vertu du principe fondamental de la Convention de Berne, les œuvres posthumes, protégées régulièrement dans leur pays d'origine, sont traitées dans les autres pays comme les œuvres nationales, sauf pour la durée, le délai de protection le plus court faisant toujours règle.

Trois des pays unionistes imposent aux nationaux une restriction particulière en vue de la publication de ces œuvres. D'après le décret français de 1800, le publicateur est tenu « d'imprimer séparément les œuvres posthumes et sans les joindre à une nouvelle édition des ouvrages déjà publiés et devenus propriété publique ». La déclaration monégasque contient une prescription semblable et la loi haïtienne ne permet pas même de publier des œuvres posthumes conjointement avec des œuvres protégées. Cette restriction, qui a été combattue énergiquement par M. Pouillet au Congrès d'Anvers en 1885, lors de l'examen du projet de loi belge, ne saurait être opposée, d'après nous, aux publicateurs d'œuvres posthumes des pays cocontractants qui ne font dépendre la protection d'œuvres posthumes d'aucune charge semblable, car elle constitue une *condition* de publication, et il est bien entendu que l'auteur unioniste a uniquement à remplir les conditions et formalités du pays de première publication. Il va sans dire que, si le publicateur édite avec l'œuvre posthume des œuvres déjà tombées dans le domaine public, ces dernières parties de l'édition ne donnent lieu à aucun droit privatif, lequel est assuré exclusivement à l'œuvre posthume protégée.

II

Le régime dont bénéficieront les œuvres posthumes d'après la nouvelle disposition de l'article 2 de la Convention de Berne revisée est encore fort éloigné de l'unité qu'assurerait seule une *codification* complète. Afin de se rapprocher de celle-ci, — c'est là le but de toute évolution sur un point quelconque de la Convention, — il faudrait être d'accord sur le *caractère* même des œuvres posthumes, sur les *personnes* protégées et sur le système à adopter pour calculer le *délai* de protection. Ces trois questions méritent d'être examinées ici avec impartialité en vue des progrès futurs.

A. *Définitions.*

En ce qui concerne la nature de ces œuvres, la manière dont on la détermine soulève divers problèmes. D'abord une observation préliminaire s'impose. Dans tout ce qui précède, il n'est question que d'*œuvres* posthumes, terme qui figure aussi dans l'Acte additionnel. Comme les lettres-missives ne constituent guère des œuvres au sens strict de ce mot, nous ne traiterons pas de leur protection, quand bien même il s'agirait de lettres publiées après la mort de l'auteur. Au reste, les définitions qu'on donne des œuvres posthumes sont concordantes, sauf une exception qui semble plutôt confirmer la règle (1).

Sont généralement considérées comme œuvres posthumes les œuvres publiées, c'est-à-dire éditées après la mort de l'auteur, ou, en d'autres termes, les œuvres inédites au moment de la mort de l'auteur et rendues publiques ultérieurement par les héritiers ou les propriétaires du manuscrit.

Que l'auteur ait, de son vivant, décidé la publication de l'ouvrage, qu'il l'ait même préparée déjà, cela n'ôte pas à cette œuvre le caractère posthume, si elle ne paraît qu'après sa mort. En revanche, par l'application du même principe, si deux ou plusieurs auteurs composent une œuvre en collaboration, et si l'un d'eux meurt avant la publication de cette œuvre, celle-ci ne pourrait être qualifiée d'œuvre posthume; aussi longtemps qu'un des collaborateurs vit encore et la fait publier, elle jouira alors de la protection assurée aux œuvres créées par collaboration ; en Allemagne, par exemple, le délai de trente ans courra à partir de la mort du dernier survivant des collaborateurs. (Article 9 de la loi de 1870.)

La grande majorité des spécialistes est aussi d'accord que l'œuvre peut être considérée comme posthume, même si, du vivant de l'auteur, elle a été représentée, exécutée, reproduite oralement (dans une conférence, etc.) ou exposée, pourvu qu'elle soit éditée ou imprimée après sa mort. A l'appui de cette thèse, on fait valoir que la publicité orale de l'œuvre n'a été que passagère, immatérielle, fugitive, tandis que l'impression ou la reproduction par un autre procédé, effectué après le décès, a donné à l'œuvre la vraie consistance (2).

Mais comment classer une œuvre représentée, exécutée ou exposée après la mort de l'auteur, sans qu'une reproduction par l'impression ou par un autre procédé de multiplication soit intervenue? Cette œuvre sera-t-elle protégée conformément aux dispositions relatives aux œuvres posthumes ou bien sera-t-elle considérée comme non publiée et pour quelle durée?

Comme il a été entendu à la Conférence de Paris que toutes les dispositions de la Convention seraient désormais applicables aux œuvres posthumes, il est logique d'en conclure que la Déclaration interprétative signée à Paris et actuellement adoptée par tous les Etats de l'Union, à l'exception de la Grande-Bretagne, devra également servir à fixer la situation de ces œuvres. Or, la Déclaration prévoit que la représentation d'une œuvre dramatique ou dramatico-musicale, l'exécution d'une œuvre musicale et l'exposition d'une œuvre d'art ne constituent pas une publication, qu'il faut pour cela l'*édition* de l'œuvre. Dès lors l'œuvre posthume littéraire ou artistique, non encore éditée, quoique représentée ou exposée,

---

(1) D'après M. Worms, les œuvres posthumes visées par le décret français de 1805 se réduiraient à celles publiées après l'expiration du délai de protection de cinquante ans *post mortem auctoris*. Cette théorie est victorieusement combattue par MM. Darras (p. 436) et Pouillet (n° 398).

(2) Pouillet (n° 399) et les auteurs qu'il cite.

devra être protégée comme une œuvre non publiée, pour laquelle le pays dont ressort l'auteur constitue le pays d'origine.

Cette solution ne s'accorde pas, il est vrai, avec la loi belge, qui dit expressément que le délai de cinquante ans part du jour où l'œuvre est publiée, *représentée*, *exécutée* ou *exposée*. Comme, en ce qui concerne la durée de protection, le délai le plus court fait règle, il s'ensuit que si cette durée est plus restreinte dans le pays d'importation, l'assimilation entre l'auteur national et l'auteur unioniste pourra être réclamée sans recours ; en conséquence, il est possible que les tribunaux belges refusent de protéger une œuvre posthume, suisse, par exemple, représentée dix ans après la mort de l'auteur, mais éditée seulement cinquante ans après cette mort, pour un terme dépassant dix ans comptés du jour de la publication.

En dehors de cela, le principe établi plus haut est d'une application facile, lorsque, comme cela est le cas pour l'Allemagne, le délai de protection est le même pour les œuvres publiées et les œuvres posthumes (trente ans *post mortem*) ; à l'expiration de ce délai, le domaine public s'emparera définitivement de l'œuvre, qu'elle ait été simplement représentée et exposée ou même éditée. Mais dans les autres pays, dans lesquels le délai de protection court à partir de la publication de l'œuvre, des complications ne sont pas exclues. Il peut arriver qu'une œuvre ait été représentée dans le délai normal accordé aux œuvres non publiées. Supposons qu'un certain temps après l'expiration de ce délai, cette œuvre soit éditée et que le publicateur revendique en sa faveur le délai établi pour les œuvres posthumes. Dans cette éventualité, comment cette seconde protection pourra-t-elle être rendue effective, si un tiers a réussi à se mettre, *dans l'intervalle*, entre les deux délais, en possession d'une copie du manuscrit (1) ou de la reproduction d'un tableau, obtenue à la suite de la représentation ou de l'exposition, et s'il a publié l'œuvre aussitôt après l'expiration de la protection accordée à l'œuvre non publiée ? En vertu de quel droit ce tiers se verra-t-il interdire la vente de son édition faite *avant* celle du publicateur ultérieur de l'œuvre, bien que ce dernier soit le détenteur de l'œuvre originale ?

La situation change si nous admettons que ce détenteur a procédé le premier à l'édition de cette œuvre. Dans ce cas, comment un tiers, quoique possédant une reproduction de celle-ci, acquise à l'époque où elle était dépourvue de la protection assurée aux œuvres inédites, élèverait-il la prétention d'éditer l'œuvre à son tour, d'opposer son édition ultérieure à celle du publicateur et de réclamer pour elle un droit découlant des prérogatives du domaine public ? En fait et en droit, il n'y a pas de domaine public pendant l'époque où l'œuvre posthume éditée pour la première fois est protégée.

---

(1) Ce manuscrit peut même avoir été imprimé, sans que l'œuvre puisse être considérée comme une œuvre publiée, aussi longtemps qu'elle n'aura pas été mise à la portée du public.

B. *Titulaire de la protection.*

Ces déductions nous amènent à poser la question de savoir qui est le titulaire des droits reconnus par rapport à une œuvre posthume. La réponse est de nouveau simple pour les pays (l'Allemagne et peut-être l'Espagne) qui n'accordent des droits que pendant un certain délai après la mort de l'auteur; c'est l'ayant cause de l'auteur.

La France, Haïti et Monaco reconnaissent comme titulaire le propriétaire d'un ouvrage par succession ou à d'autres titres.

Ces termes comprennent donc les héritiers aussi bien que les propriétaires de manuscrits. Les lois belge et luxembourgeoise parlent simplement du propriétaire d'un tel ouvrage ; en Suisse, c'est le *propriétaire du droit d'auteur,* qui doit effectuer l'inscription de l'œuvre. En Grande-Bretagne, la propriété est expressément reconnue au propriétaire du manuscrit et à ses ayants cause.

Dans la plupart des cas, les héritiers seront également les détenteurs du manuscrit ou de l'œuvre d'art non encore publiée; à défaut d'héritiers, l'œuvre inédite appartiendra à un autre ayant cause, cessionnaire, etc. Et lorsque la publication de l'œuvre posthume a eu lieu à une époque rapprochée de la mort de l'auteur, l'action pourra être basée indistinctement, soit sur la disposition générale concernant la durée du droit d'auteur, soit sur celle relative au délai de protection accordée aux œuvres posthumes. A l'expiration du délai principal du droit d'auteur, l'héritier, propriétaire du manuscrit, sera, dans quelques pays, à même de réclamer encore une protection en vertu du droit spécial reconnu pour les œuvres posthumes publiées.

Mais si le publicateur et l'héritier ou ayant cause sont des personnes distinctes, et s'il y a conflit entre eux, chacun demandant la protection ?

A notre avis, ce conflit ne saurait se produire aussi longtemps que l'œuvre n'aura pas été éditée par les héritiers de l'auteur ou d'autres ayants cause, et qu'elle sera encore protégée comme œuvre non publiée (car s'ils l'avaient éditée, toute autre publication constituerait une contrefaçon). La question se pose donc ainsi : Qu'advient-il si une personne étrangère publie l'œuvre après la mort de l'auteur dans les limites du délai de protection qui profite aux ayants cause de celui-ci ?

L'Allemagne a prévu ce cas dans les dispositions suivantes de la loi de 1870 :

ART. 5. — Est considérée également comme contrefaçon (art. 7):
a. L'impression, faite sans le consentement de l'auteur, d'un manuscrit, c'est-à-dire d'un ouvrage non encore publié.
Nul ne pourra, fût-il possesseur légitime d'un manuscrit ou d'une copie de celui-ci, faire imprimer ce manuscrit sans le consentement de son auteur;
ART. 6, al. 5 : La traduction des œuvres non imprimées que la loi protège contre la contrefaçon (art. 5, lettres *a* et *b*) constitue également une contrefaçon (1).

---

(1) V. encore article 7, *litt.* a, et article 48 où les emprunts sont permis seulement à l'égard d'œuvres publiées.

Celui qui publie une œuvre posthume sans le consentement de l'auteur ou de ses ayants cause est un contrefacteur; le droit d'auteur ne dépend donc pas de la possession du manuscrit.

Mais là où, comme nous l'avons vu, la loi fait bénéficier de sa protection le détenteur du manuscrit, il faut ne pas confondre le droit à la publication de l'œuvre et le droit sur l'œuvre réellement publiée. En conséquence, quiconque publie une œuvre semblable, même sans le consentement des héritiers de l'auteur, pourra invoquer la loi contre toute reproduction ou traduction illicites de sa publication. Par contre, les héritiers seront libres de lui contester le droit de la publier (ils peuvent tenter cette contestation même après l'expiration de tout droit d'auteur, mais en s'appuyant sur d'autres moyens comme le respect de la personnalité de l'auteur, etc.). C'est alors au détenteur de prouver qu'il a acquis ce manuscrit d'une façon licite.

Les contestations possibles à ce sujet ne rentrent donc pas dans le domaine du droit d'auteur proprement dit, mais dans une autre catégorie légale. Cependant, il y a quelque chose de choquant à voir l'usurpateur d'un manuscrit qu'il livre à la publicité être investi du droit réservé à cette œuvre posthume. Aussi un tribunal français, le tribunal civil de la Seine, se rendant très bien compte de cette anomalie, a-t-il proclamé résolument le principe que ceux qui demandent l'application du décret de 1805 doivent tout d'abord *justifier* de leur titre de propriétaire. (Arrêt du 7 juin 1889, *Droit d'Auteur*, 1889, p. 119.)

Dans le même ordre d'idées, le Congrès de Dresde de l'Association littéraire et artistique internationale, en s'occupant de la protection des œuvres posthumes, a postulé un droit de propriété de cinquante ans après la publication *licite* de l'œuvre en faveur du publicateur *légitime*. Ce texte, choisi en vue de l'élaboration de lois futures, précise d'une manière heureuse la qualité qu'on est fondé de réclamer du titulaire du droit sur l'œuvre posthume.

C. — *Fixation du délai de protection.*

Dans un rapport présenté au Congrès de Dresde et intitulé « Divergences entre les dispositions de la Convention de Berne et les lois des pays de l'Union », où il était aussi question de solliciter, lors de la revision de cette convention, une protection efficace des œuvres posthumes dans l'Union, les rapporteurs disaient ce qui suit : « Il serait utile de compléter cette réforme — il s'agissait de l'interprétation de la convention comme s'appliquant aux œuvres posthumes — par une disposition *impérative* portant que la *durée* de la protection doit partir, non pas de la date de la mort de l'auteur, mais de celle de la première publication, et peut-être pourrait-on faire l'essai, sur ce point, de la fixation d'une durée uniforme de protection de cinquante ans. »

Ce vœu, qui n'a pas été pris en considération à la Conférence de Paris, est-il de nature à sauvegarder les intérêts en présence et à donner satisfaction aux besoins manifestes ? Le système préconisé présente-t-il des avantages sur celui qui accorde une protection d'un certain nombre d'années après la mort de l'auteur, et celui qui protège le publicateur et ses ayants cause, comme s'il était l'auteur de l'œuvre ?

Le *terme initial* le plus approprié du délai de protection est-il la *mort de l'auteur, celle du publicateur* ou *la publication* ?

Nous devons reconnaître franchement que les idées des intéressés eux-mêmes sur cette matière sont loin d'être arrêtées. La meilleure preuve se trouve dans l'accueil fait, au Congrès précité, au rapport de M. Mettetal, consacré uniquement aux œuvres posthumes. Au lendemain du Congrès, notre organe en a rendu compte en ces termes, qui sont bien instructifs :

> Ce rapport suscite une discussion fort animée, non pas qu'on ait protesté contre l'extension de la notion des œuvres posthumes aux œuvres d'art, comme le proposait le rapporteur, mais parce que l'assemblée, n'étant pas d'accord sur le *titulaire* de la protection à accorder à ses œuvres, ne s'entend ni sur la nature de cette protection ni sur son point de départ. Le rapporteur prévoyait une protection de cinquante ans à partir de la première publication en faveur du *propriétaire* de l'œuvre. M. Schuster appelle de ses vœux une disposition défendant de faire revivre un droit sur des œuvres déterrées d'auteurs morts depuis un certain laps de temps, par exemple Bach. D'autres démontrent qu'il ne s'agit plus ici d'un droit d'auteur, pour ainsi dire latent et mis au jour par le fait de la publication de l'œuvre posthume, mais que, si le droit de l'auteur en cause a pris légalement fin, on est, pour l'œuvre posthume publiée, en présence d'un droit nouveau, indépendant, celui du publicateur ; ce droit, les uns le contestent formellement, d'autres souhaitent qu'il soit examiné de plus près, les troisièmes le défendent comme un privilège légitime accordé en échange des services rendus à la société par la publication.

Finalement, l'Assemblée adopta la résolution indiquée plus haut, parce qu'elle estimait que la protection d'une œuvre posthume ne découle pas du droit d'auteur proprement dit, mais qu'elle est corrélative de la publication.

Il est certain que le premier système qui fait dépendre le délai de protection du décès de l'auteur, peut parfois rendre cette protection presque illusoire, si les héritiers publient une œuvre seulement un certain nombre d'années après cette mort. Souvent, aussi, l'auteur lui-même exprime la volonté de ne voir une œuvre (par exemple des mémoires) livrée à la publicité qu'au bout d'une époque assez longue après sa disparition ; il peut ainsi arriver que les héritiers seront placés devant un dilemme également pénible pour eux : ou bien de respecter la volonté de l'auteur et de perdre toute protection à l'égard de l'œuvre publiée, après l'expiration du délai fort court *post mortem*, ou bien de passer outre et de publier l'œuvre avant le terme désiré par l'auteur, afin d'obtenir la protection à son égard.

Les partisans de ce système ne s'arrêtent pas à ce fait que les héritiers, propriétaires absolus de l'œuvre inédite, sont entièrement libres de détruire celle-ci ou de la laisser dans un complet oubli, s'ils envisagent que la publication, qui pourra être contrefaite sans autres, non seulement ne leur apportera pas de bénéfices, mais leur imposera uniquement des charges. Comment encourager la publication d'œuvres posthumes, si, presque dès leur apparition, on les abandonne au domaine public ?

En réalité, ce système n'a pas satisfait les intéressés en Allemagne. La *Société de la Bourse des Libraires* avait, d'ailleurs, déjà proposé, dans un projet de loi élaboré par elle en 1857 de protéger contre les contrefaçons « celui qui, avec le consentement du propriétaire du manuscrit, édite en partie ou en totalité une œuvre inédite tombée dans la domaine public. » Plus récemment encore, en 1896, la même corporation a réclamé (*Beitraege zum Urheberrecht*, p. 22 und 23), en vue de la revision de la législation allemande, une protection contre toute contrefaçon pendant dix ans à partir de la *publication* pour l'éditeur, propriétaire d'un manuscrit ou pour quiconque est autorisé par lui à le publier, sous réserve des droits d'auteur qui pourraient encore subsister. D'après cette proposition, la protection devrait s'étendre non seulement à la publication de manuscrits inédits, mais aussi à la publication de textes revisés et épurés d'œuvres classiques déjà sont publiées dans l'antiquité.

Au sujet du second système consistant dans l'assimilation du publicateur à l'auteur, on a fait observer (1) que le délai de protection ne devrait pas être trop long, afin de ne pas faire revivre des droits éteints à l'égard des travaux isolés d'un auteur mort depuis des siècles peut-être, alors que les œuvres publiées de son vivant depuis longtemps entrées dans le patrimoine commun.

On peut même faire abstraction, en critiquant ce système, de cette considération secondaire que les publicateurs qui ont droit à un manuscrit sont parfois nombreux et d'un âge très différent, ce qui peut être la cause de recherches multiples; s'il y en a parmi eux dont la vie dure beaucoup, le délai de protection sera par là prorogé considérablement. C'est ce qui a motivé la proposition de fixer un terme maximum après la mort de l'auteur, passé lequel les œuvres publiées ne seraient plus susceptibles de protection; cette solution impliquerait une réglementation, arbitraire d'abord et une injustice vis-à-vis des publicateurs ensuite.

Mais la critique principale à adresser à ce système a une base plus scientifique. Il n'y a qu'à penser à des œuvres artistiques, comme le sont les dessins des grands maîtres de la Renaissance. Pourquoi attribuer au publicateur d'un dessin semblable qui est resté jusqu'ici inconnu et qui est publié quelques siècles plus tard, un droit égal à celui de l'auteur, du créateur lui-même de l'œuvre? Pourquoi l'attribuer à l'ami d'un artiste défunt, à l'amateur qui fait figurer les esquisses et dessins dans une de ces expositions rétrospectives devenues à la mode, et qui fait éditer ensuite une œuvre ayant attiré l'attention du public? Il n'existe aucune connexité intrinsèque, aucun lien juridique entre la possession, bien que légitime, d'un manuscrit, et le droit sur son contenu immatériel. Là est le côte faible de ce système qui jette le trouble dans les esprits, — on l'a bien vu au Congrès de Dresde, — et qui amoindrit le droit d'auteur proprement dit. Combien grande est la dif-

---

(1) D'Orelli, *Commentaire de la loi suisse*, p. 43. — *Bulletin de l'Ass. litt. et art. intern.*, 2ᵉ série, n° 3, p. 89.

férence entre le propriétaire d'un manuscrit qui le fait simplement reproduire et répandre, et celui qui, se servant de travaux inédits, écrit une œuvre vivante où il évoque le passé à l'aide de documents consultés, cités en partie, ou encore celui qui réunit des travaux tombés dans le domaine public, mais leur inspire une nouvelle vie par des groupements et des rapprochements ingénieux ou par une méthode de classification intelligente. Ces deux hommes créent des œuvres nouvelles, originales, révélant un plan, une idée maîtresse; ils méritent d'être protégés comme des auteurs; au contraire, le simple publicateur d'une œuvre posthume ne fournit aucun travail intellectuel de création spontanée (1).

Cependant, ce publicateur rend aussi service à la communauté; il se charge d'entreprendre une publication *nouvelle*, qui, sans lui, n'aurait pas eu lieu.

Non seulement il mérite pour ses peines et ses frais une juste rétribution, mais son entreprise a surtout droit à être prémunie contre les attaques de ceux qui veulent récolter là où ils n'ont pas semé. Il devrait donc être protégé contre les contrefacteurs pendant un délai raisonnable *à partir de la publication*, et cela en tant que *publicateur*, non pas en tant qu'ayant droit de l'auteur. En effet, il n'est *ni le continuateur du travail de l'auteur ni l'usufruitier d'un de ses droits, ni le bénéficiaire d'un droit* longtemps enseveli qui ressusciterait comme par enchantement en sa faveur. Il jouira d'un *droit nouveau*, appartenant à lui et à ses ayants cause et provenant uniquement de l'*acte d'édition*.

Heureusement, la justice qui est due au publicateur se rencontre aussi avec une autre fonction de la société organisée, savoir la lutte contre la piraterie. Comment l'Etat qui, par ses lois concernant les droits d'auteur, a déclaré la guerre à la contrefaçon, tolérerait-il la libre reproduction d'une publication de fraîche date par laquelle une œuvre, jusque-là inédite, est tirée de l'ombre? Ce serait une contradiction évidente avec le principe essentiel de l'évolution moderne en faveur de la protection des œuvres de l'esprit.

L'Etat n'accorde donc pas un privilège au publicateur d'une œuvre semblable en la préservant contre la reproduction illicite, il remplit un devoir qui coïncide avec son propre intérêt. La protection accordée dans ces conditions ne constitue pas une faveur, mais un droit.

L'application de la nouvelle disposition de l'Acte additionnel relative à ces œuvres, en révélant davantage les divergences de doctrine et la bigarrure des stipulations positives dans cette matière, préparera le terrain pour une unité de vues plus grande

---

(1) *Voir*: Tribunal de la Seine, arrêt du 3 juin 1856. Les juges n'ont pas adopté l'assimilation complète du publicateur de l'œuvre à l'auteur, quant à la durée, pour ces motifs: « Le propriétaire des œuvres posthumes d'un auteur n'a pas à la faveur de la loi des titres égaux à ceux de l'auteur lui-même, puisqu'il ne dote pas la société d'un ouvrage qui soit le produit de son travail ou de son génie propre. »
Cette opinion condamne le système tout entier.

et répandra plus de clarté. Et comme les intérêts mis en jeu ici sont de nature plutôt modeste en raison du nombre restreint de ces œuvres, l'unification se fera certainement un jour sur ce point sans trop de difficultés.

L'Association littéraire et artistique internationale poursuit avec autant de pénétration que de ténacité cet idéal d'unification des législations intérieures; elle devrait dès lors appuyer un système qui, comme nous l'avons vu, réalise presque le *consensus omnium* et supporte le mieux l'examen critique au point de vue juridique aussi bien qu'au point de vue de l'équité. Ce système a, d'ailleurs, été admis déjà par Georges Maillard dans son projet de loi type. C'est celui de la protection du *publicateur légitime de l'œuvre posthume* pendant un certain délai à compter du jour (ou de la fin de l'année) de la *première publication* de l'œuvre.

Ernest Rothlisberger.

III

ÉTAT LÉGAL DE LA PROTECTION DE LA PROPRIÉTÉ LITTÉRAIRE EN DANEMARK

Le Danemark a été l'un des pays qui ont renoncé les premiers à l'ancien système des privilèges; déjà en 1741 il a établi, par une ordonnance, des règles générales relatives à la protection des droits des auteurs; mais elles ne concernaient que les œuvres littéraires proprement dites, à l'exclusion des œuvres musicales et autres, et n'avaient en vue que l'interdiction de la contrefaçon sans frapper l'exécution non autorisée; elles furent remplacées par la loi du 29 décembre 1857, qui créa la base du régime légal actuel et fut à son tour modifiée par une série de lois promulguées les 23 février 1866, 21 février 1868, 24 mai 1879 et 12 avril 1889. Abstraction faite de la protection internationale, cette législation a été jusqu'à un certain degré assez complète; néanmoins, il y existe diverses lacunes, et comme les dispositions nouvelles contenues dans les lois de 1866, etc., avaient le caractère de décisions prises *in casu* et étaient conçues dans des termes parfois très défectueux et en partie obscurs, l'interprétation de la loi rencontrait des difficultés et devenait, sur divers points, indécise. En 1889, le gouvernement résolut de procéder à une revision et à une codification systématique de cette législation, aussi bien dans le but de remédier à l'état de choses existant, que dans le but d'ouvrir la voie à la protection internationale des auteurs et en particulier à l'entrée du Danemark dans l'Union de Berne, éventualité qui était exclue par le régime en vigueur (1). Celui qui écrit ces lignes fut alors chargé d'élaborer un projet de loi comprenant le droit d'auteur sur les œuvres littéraires et les œuvres d'art et le monopole en matière de photographies (1). En 1890 ce projet fut soumis au *Rigsdag*, sans avoir subi de changements essentiels, et adopté par le *Landsting*; en revanche, le *Volketing* ne put entrer en délibération sur le projet; en 1891, celui-ci fut de nouveau discuté par le *Rigsdag*. L'année suivante, une Commission composée de Danois et de Norvégiens reçut la mission de rédiger un projet de loi qui pût être accepté par ces deux pays. Ce projet, qui se basait principalement sur le projet danois, fut adopté en Norvège en 1893, tandis qu'il a échoué jusqu'ici en Danemark à la suite de la résistance opposée par le *Volketing* contre l'accession de ce pays à l'Union (2). Mais les aspirations vers une revision des lois mentionnées et vers l'adoption de la Convention de Berne sont devenues si intenses dans presque tous les milieux cultivés du Danemark qu'on peut espérer voir se réaliser, dans un avenir pas trop lointain, la réforme si longtemps préparée.

En renvoyant, quant à la Norvège, à la traduction française de la loi du 4 juillet 1893 (v. *Droit d'Auteur*, 1896, p. 65 et 80), nous étudierons ci-dessous les prescriptions qui règlent actuellement le droit d'auteur en Danemark.

I

Font l'objet d'un droit d'auteur, d'après la législation danoise, non seulement les écrits, mais aussi, à l'instar de ce que disposent la plupart des autres lois, les compositions musicales (loi de 1857, art. 10) et les dessins et figures qui, dans leur but principal, ne sont pas à considérer comme des œuvres d'art (art. 9). C'est avec raison que la loi s'abstient de déterminer d'une manière précise quelles œuvres sont protégées ; elle présume qu'il est indifférent de savoir par quels moyens l'œuvre est mise à la portée du public,

---

(1) Le *Droit d'Auteur* a suivi ce mouvement dans ses différentes phases. V. 1890, p. 134; 1891, p. 124; 1892, p. 115 (Histoire des essais de codification de la législation scandinave); 1893, p. 66; 1894, p. 84; 1895, p. 12, 24, 122, 168; 1896, p. 58, 128, 139, 153 (Mouvement en faveur de l'accession des pays scandinaves à l'Union; Norvège, Danemark, Suède), 1897, p. 8, 42, 69, 119, 138.

(2) V. notamment *Droit d'Auteur*, 1894, p. 84 (Le sort du projet de loi concernant la protection littéraire); 1895, p. 24; 1896, p. 154; 1897, p. 42.

car elle mentionne d'un côté les écrits (art. 1er), d'un autre côté, les sermons, conférences, leçons et discours de toute espèce (art. 15). Peu importe que l'œuvre ait paru sous le véritable nom de l'auteur ou sous un pseudonyme ou sous l'anonymat. Tandis que, en règle générale, le droit appartient à l'auteur, l'article y prévoit qu'à l'égard de l'ensemble d'un écrit périodique ou d'un ouvrage formé de contributions de divers collaborateurs, c'est l'éditeur — que ce soit un Institut scientifique, une Société ou un particulier — qui est investi du droit d'auteur; par contre, les auteurs des contributions particulières sont autorisés, à moins de stipulations contraires, à publier ailleurs leurs travaux, aussitôt qu'une année sera écoulée après la première publication. Cependant, cette disposition ne s'applique pas indistinctement à tous les ouvrages composés par différents auteurs; elle n'est applicable que quand les diverses contributions constituent des parties distinctes et reconnaissables, peu importe qu'elles forment un tout organique ou qu'elles soient réunies sous un titre d'une façon purement arbitraire.

Le traducteur participe, comme l'auteur, à la protection en ce qui concerne sa traduction (art. 5); il sera exposé plus loin sous quelles conditions les traductions sont des œuvres licites. Comme diverses lois étrangères, la loi danoise prescrit que les lois, décisions ministérielles et actes de l'autorité ne peuvent donner naissance à un droit d'auteur; il en est de même des débats du *Rigsdag*, des assemblées communales, des tribunaux, des réunions électorales et autres réunions analogues (art. 15 et 16). Toutefois, on ne saurait déduire de cette règle, entièrement superflue en elle-même, par un raisonnement *a contrario*, que toutes les autres productions intellectuelles, quelle que soit leur nature, font l'objet d'un droit d'auteur. Sous ce rapport il faut admettre que, contrairement aux autres lois, la loi danoise ne permet pas de faire rentrer sous sa protection certains produits de l'intelligence tels que des communications de simples faits (annonces, horaires, cotes de la bourse, etc.), formulaires de lettres de change, de contrats, etc.

En ce qui concerne l'étendue du droit d'auteur, la loi danoise n'accorde pas le droit exclusif de reproduire l'œuvre de toute façon abstraction faite des traductions, car tout en attribuant à l'auteur la faculté de la faire reproduire par l'impression ou par quelque autre procédé mécanique, elle ne lui reconnaît pas le droit d'en interdire la reproduction par des procédés différents, par exemple par la copie à la main. De même, le droit revenant à l'auteur exclut, il est vrai, la possibilité de représenter publiquement, sans son autorisation, son œuvre dramatique, mais il n'est pas défendu de faire la lecture publique de ses œuvres. Et le compositeur ne possède que le droit exclusif de disposer de la représentation scénique des compositions musicales destinées à la scène, tandis qu'il est privé, à l'égard de ces compositions aussi bien que des autres compositions, de toute protection contre les autres exécutions, par exemple dans les concerts. (Art. 17.)

Ainsi que nous l'avons déjà dit, le Danemark n'a pas adhéré

à la Convention de Berne. Le principe que toute œuvre intellectuelle, qu'elle soit d'origine danoise ou étrangère, jouit de la protection légale, n'a pas été reconnu dans sa plénitude; c'est uniquement par rapport aux œuvres encore inédites que la publication opérée sans le consentement de l'auteur constitue sans autres un acte illicite, quelle que soit la nationalité de cet auteur; mais pour les œuvres publiées, on a établi dans la loi danoise certaines restrictions d'ordre national qui diffèrent de celles contenues dans presque toutes les autres lois. Ainsi le critérium décisif n'est pas la nationalité de l'auteur, mais le lieu de publication. La loi danoise protège toute œuvre éditée pour la première fois sur territoire danois que l'auteur soit ressortissant de ce pays ou étranger; en revanche, elle exclut de la protection les œuvres parues à l'étranger, quand bien même elles seraient dues à un Danois. Certes, les articles 23 de la loi de 1857, 10 de la loi de 1866, 5 de la loi de 1868 et 3 de la loi de 1879 prévoient que leurs dispositions pourront être, sous conditions de réciprocité, rendues applicables, par ordonnance royale aux ouvrages édités à l'étranger, ce qui a été fait à l'égard des œuvres parues en France (ordonnances des 6 novembre 1858 et 5 mai 1866), mais comme l'article 5 de la loi de 1857 consacre la liberté entière de traduire, ces dispositions sont sans valeur pratique puisqu'elles ne procurent aucune garantie de droit de traduction. Ce n'est que pour les œuvres suédoises et danoises qu'une autre règle a été admise, car la loi de 1879 interdit de traduire un écrit, sans le consentement de l'auteur, de la langue originale dans un dialecte de cette langue ou *vice versa*, ou d'un dialecte dans un autre, en ajoutant que, à cet égard. le danois, le norvégien et le suédois seront considérés comme des dialectes de la même langue. Or, cette disposition qui, au fond, concerne uniquement les œuvres parues en Danemark, a été rendue également applicable par une ordonnance royale du 5 décembre 1879 aux œuvres publiées en Suède et en Norvège, conformément à ce que prévoit l'article 3 de la loi de 1879. Des prescriptions analogues ayant été promulguées en Suède et en Norvège (1), les œuvres éditées dans un des trois pays en langue nationale y jouissent donc de la protection pleine et entière assurée contre la traduction non autorisée en une autre de ces langues.

II

Au sujet de la cession du droit d'auteur la législation danoise ne contient que peu de dispositions. Se référant au contrat d'édition, l'article 2 de la loi de 1857 prévoit que la cession du droit d'éditer un écrit implique, à moins de stipulations contraires, le droit de n'en faire qu'une seule édition; toutefois, cette prescription n'est pas considérée comme s'appliquant aux compositions musicales; la loi ne dit pas, comme plusieurs autres lois étrangères le font, de combien d'exemplaires se composera l'édition transférée.

---

(1) V. *Droit d'Auteur*, 1893, p. 58. 1896, p. 143.

La cession du droit d'exécuter des œuvres dramatiques ou des compositions musicales destinées à la scène ne fait pas obstacle, sauf stipulation contraire, à ce que le même droit puisse être cédé par l'auteur ou son ayant cause à un tiers ; la cession n'implique donc pas le droit *exclusif* de représenter l'œuvre, pas même le droit exclusif de la représenter dans un endroit déterminé ; dans tous les cas, quand il s'agit de la cession du droit exclusif de représentation, l'auteur est libre de le transmettre de nouveau à autrui, lorsque l'œuvre n'a pas été représentée par le concessionnaire pendant cinq années consécutives (art. 18). Bien que cette prescription semble presque revêtir un caractère impératif, on admet pourtant qu'elle peut être éludée.

En cas de cession totale ou partielle du droit d'auteur, les règles générales du droit de succession s'appliquent lors du décès de l'acquéreur, le droit d'auteur étant traité comme tout autre bien. Mais lorsque ce bien n'a pas passé entre les mains de tierces personnes, l'héritage est réglé par des dispositions qui diffèrent essentiellement de celles qui déterminent en général le droit de succession. A l'encontre des principes consacrés par le droit danois, l'auteur n'est soumis à aucun droit coercitif pour la transmission de ses biens par héritage, mais peut en disposer librement et par testament (art. 3 et 19 de la loi de 1857 et art. 1er de la loi de 1866).

La personne à qui un auteur aura légué son droit par testament pourra l'exercer, aussi longtemps qu'elle vivra, dans sa plénitude; si elle meurt sans l'avoir cédé, il passera, non pas à ses héritiers, mais à ceux de l'auteur. Dans le cas seulement où il ne se trouverait aucun de ces héritiers, le légataire pourra disposer par testament du droit légué. A défaut d'un testament, le droit d'auteur appartiendra, après la mort de l'auteur, à son conjoint et après la mort de celui ci, aux descendants directs ou, s'il n'en existe pas, à ses ascendants ou à ses collatéraux conformément aux lois de succession. Celui qui est mis en possession du droit peut en disposer de son vivant en pleine liberté et aussi par testament pourvu qu'il n'existe aucun des ayants droit précités ; lorsqu'il ne s'en trouve pas et qu'aucune des personnes indiquées ne dispose du droit, celui-ci ne passe, lors du décès de la dernière de ces personnes, ni à ses propres parents, ni aux autres parents de l'auteur, mais cesse d'exister quand bien même le délai de protection ne serait pas encore expiré.

La loi danoise ne renferme aucune disposition spéciale relative à la communauté qui se produit lorsque le droit d'auteur passe à plusieurs héritiers conjointement ; mais cette question a été réglée dans le projet danois-norvégien mentionné plus haut et, en conséquence, dans la loi norvégienne du 4 juillet 1893. (Art. 6 et 7.)

III

Nous avons vu plus haut, en parlant de l'étendue du droit d'auteur, que ce sont uniquement certains procédés de publication qui sont censés produire une violation du droit d'auteur. Avant d'en venir à la démarcation plus rigoureuse qui en résulte, nous ferons observer que la législation danoise donne quelques indications sur la question de savoir quand une œuvre peut être, en raison de son contenu, qualifiée de reproduction illicite d'une autre œuvre. L'article 14 de la loi de 1857 dispose que l'utilisation d'une œuvre d'autrui ne cesse pas d'être caractérisée comme une contrefaçon par cela seul qu'en le reproduisant, on y apporte quelques abréviations, additions ou modifications. La contre-partie de ce principe semble être que la loi ne frappe pas les remaniements d'œuvres pourvu que ce qu'ils contiennent de nouveau ne puisse être qualifié de secondaire. Incontestablement le droit d'auteur est par là défini avec une élasticité trop grande. Toutefois, il importe de relever que, d'après l'article 2, de la loi de 1889, nul ne peut, sans l'autorisation du titulaire du droit d'auteur, éditer ou faire représenter en public des arrangements dramatiques (dramatisations) de tout ou partie d'un poème, consistant essentiellement dans la reproduction du contenu de celui-ci sous une forme adaptée à la scène.

Ensuite l'article 13 de la loi de 1857 énumère une série de cas où l'utilisation d'une œuvre parue antérieurement ne peut être qualifiée d'atteinte portée au droit d'auteur. Outre le droit de citation, la loi excepte de l'interdiction de la contrefaçon les cas suivants :

1º La réimpression, dans les journaux, d'articles ou de nouvelles détachés, empruntés à d'autres journaux. On admet généralement que la reproduction ne doit s'étendre qu'aux éléments qui forment la matière proprement dite des journaux et nullement aux ouvrages esthétiques ou scientifiques d'un caractère plutôt indépendant, qui seraient insérés dans une publication périodique. La reproduction ne devient licite qu'à la condition d'indiquer la source utilisée.

2º La réimpression de poésies comme texte de compositions musicales ; l'indication du nom de l'auteur est de rigueur.

3º L'insertion de morceaux détachés, poésies ou autres, empruntés à des écrits imprimés, dans des ouvrages de critique ou d'histoire littéraire.

4º L'insertion de morceaux détachés ou de poésies dans des livres de lecture, manuels scolaires, recueils de chant ou autres recueils semblables lorsqu'au moins un an s'est écoulé depuis la première publication de l'écrit, ainsi que l'utilisation, effectuée dans des conditions analogues, de compositions musicales, pourvu que le nom de l'auteur ou du compositeur soit indiqué.

Les modes de publication interdits par la loi sont les suivants :

a) La multiplication d'une œuvre par la voie de l'impression ou par tout autre procédé mécanique. De même que la loi ne permet pas de poursuivre la copie à la main, il n'est guère probable qu'elle interdise la reproduction d'œuvres musicales par des instruments de musique mécaniques, orgues de barbarie, orchestrions, etc. Pour constituer le délit, il n'est pas nécessaire que les reproductions soient aliénées moyennant rétribution. Au surplus, la loi distingue entre la publication d'œuvres éditées déjà auparavant (art. 11) et celle d'œuvres inédites (art. 15), et les exceptions stipulées dans l'article 13 (v. ci-dessus) ne se rapportent qu'à la première catégorie d'œuvres.

b) L'importation, en vue de la vente, d'ouvrages d'un auteur danois, illégalement imprimés en dehors du royaume, et le commerce qui en est fait. La loi subordonne la protection expressément à la condition que l'auteur est Danois ; elle ne frappe le commerce que si l'ouvrage a été imprimé illicitement à l'étranger, tandis que le commerce qui est fait d'ouvrages imprimés illégalement dans le pays même n'entraîne pas les mêmes conséquences.

c) L'exécution publique d'œuvres dramatiques ou de compositions musicales destinées à la scène. La loi ne vise pas, comme il a été exposé plus haut, la récitation d'un ouvrage d'autrui, pas plus que l'acte de faire des conférences ou lectures publiques à l'aide du manuscrit d'un autre auteur ou d'un compte rendu sténographique de ses conférences. Enfin, chacun peut, sans encourir aucune responsabilité, exécuter publiquement des compositions musicales non destinées à la scène.

La publication de traductions d'œuvres étrangères aussi bien que d'œuvres danoises est libre pour tout le monde (art. 5), avec cette restriction, toutefois, que la traduction d'une œuvre danoise, norvégienne ou suédoise en une de ces trois langues ou un de ces dialectes constitue une violation du droit d'auteur qui pourra donner lieu à des peines, à une action en indemnité et, dans certains cas, à la confiscation de la traduction.

Lorsque la violation consiste dans la publication illicite, dans l'importation ou la vente d'ouvrages imprimés illégalement à l'étranger, le coupable sera puni d'une amende de 100 à 2,000 couronnes, et lorsqu'elle consiste dans la représentation publique illégale d'œuvres dramatiques ou musicales, l'amende sera de 40 à 400 couronnes. (Art 20 et 21.)

Il n'y a lieu à indemnité que si l'on peut admettre que la partie lésée a subi un préjudice. Pour l'évaluation de cette indemnité, la loi contient quelques dispositions positives. Ainsi, quand il s'agit de la publication d'ouvrages déjà imprimés, de l'importation et de la mise en vente visées par la loi de la manière indiquée plus haut, l'indemnité pourra être calculée au prix fort du nombre d'exemplaires de la dernière édition régulière, égal au nombre d'exemplaires de l'édition contrefaite qu'on pourra prouver ou vraisemblablement présumer avoir été vendus. (Art. 20.) Il se peut dès lors que l'indemnité dépasse de beaucoup le dommage subi en réalité. Sera responsable l'éditeur et quiconque, d'après les prescriptions pénales ordinaires, doit être considéré comme ayant opéré la publication ou y ayant participé. Au contraire, à l'exception d'un seul cas, indiqué ci-dessus, celui qui fait commerce de la publication échappe à toute responsabilité, en sorte que le vendeur n'est tenu à indemnité que s'il est également responsable pour la publication. Quand plusieurs personnes sont responsables, elles sont obligées solidairement. Par rapport à l'exécution publique, l'article 21 prévoit, il est vrai, que, pour déterminer l'indemnité, il sera tenu particulièrement compte du profit tiré de la représentation ou des représentations illégales, mais cela ne fournit aucune règle fixe et positive.

En cas de publication illégale, importation et vente d'œuvres imprimées illicitement, la loi ordonne la confiscation de tous les exemplaires trouvés en Danemark et destinés à la vente. Les auteurs ou les éditeurs, à eux seuls ou conjointement, peuvent demander que les exemplaires confisqués soient détruits, mais ils ont aussi le droit d'exiger que ces exemplaires leurs soient délivrés sans équivalent et sans que la valeur soit déduite de l'indemnité à laquelle ils peuvent prétendre.

Tandis que l'amende et l'indemnité ne doivent être prononcées qu'en cas de violation commise sciemment ou par négligence, la confiscation pourra être ordonnée aussi en cas de violation commise de bonne foi.

L'action en violation du droit d'auteur n'est plus recevable si la plainte n'est pas déposée dans le délai d'un an et de six semaines après que l'écrit illégalement publié aura été publiquement annoncé et mis en vente dans la localité où a paru la dernière édition licite, ou après que la représentation illégale aura eu lieu.

IV

Les dispositions légales concernant la durée du droit d'auteur sont assez compliquées ; nous n'en relèverons que les plus importantes.

La protection contre la contrefaçon d'œuvres parues antérieurement sous le véritable nom de l'auteur cesse cinquante ans à partir de la fin de l'année où l'auteur est décédé. (Loi de 1866, art. 1er; loi de 1868, art. 1er.) Pour les œuvres posthumes, la protection dure au moins trente ans et, d'après l'interprétation qui nous paraît juste, cinquante ans à partir de la première publication.

Les œuvres anonymes et pseudonymes sont protégées pendant trente ans à partir de l'année où la dernière édition a paru, mais cette protection ne s'étendra pas au delà de cinquante ans à partir de l'expiration de l'année où a lieu la première édition. (Loi de 1857, art. 6; loi de 1866, art. 4.) Cependant, elles jouiront de la protection intégrale de cinquante ans à partir de l'expiration de l'année où est mort l'auteur, lorsque celui-ci se sera nommé au cours du délai de protection fixé pour lesdites œuvres ou qu'une personne autorisée de ce chef l'aura nommé, soit sur une nouvelle édition, soit par une déclaration publiée dans des conditions déterminées. (Loi de 1868, art. 3.)

Pour toutes les œuvres déjà publiées a été établie la prescription spéciale que la contrefaçon cesse d'être interdite s'il n'a pas été possible de se procurer depuis cinq ans chez l'éditeur des exemplaires de la dernière édition de l'œuvre. Mais, aussi longtemps que personne ne se sera mis à profiter de cette faculté, l'auteur pourra rentrer dans son droit exclusif en publiant une nouvelle édition ou en annonçant, dans des conditions déterminées, son intention d'en publier une.

Par contre, la protection contre la publication, par des tiers, des œuvres inédites dure toujours cinquante ans à partir de l'expiration de l'année où l'auteur est décédé. (Loi de 1889, art. 1ᵉʳ.)

En ce qui concerne la protection contre la représentation illicite d'œuvres dramatiques ou de compositions musicales destinées à la scène, elle dure cinquante ans à partir de la mort de l'auteur (non pas à partir de l'expiration de l'année où l'auteur est mort), que l'œuvre ait été publiée (éditée ou représentée) sous le véritable nom de l'auteur ou sous un pseudonyme ou sous l'anonymat.

La loi de 1889 (art. 2) renferme encore une prescription spéciale concernant la dramatisation d'un poème, prescription qui présente quelque difficulté ; mais l'interprétation juste est certainement celle-ci : la protection établie dans cet article a la même durée que celle assurée contre la contrefaçon et la représentation publique illicite, étant entendu, toutefois, que le délai *post mortem* court à partir du jour du décès de l'auteur et non à partir de l'année où ce décès a eu lieu.

CHARLES TORP,
Professeur de droit à l'Université
de Copenhague.

COMPTE RENDU DES FÊTES

Réception au Cercle des Artistes

20 SEPTEMBRE

La veille du jour fixé pour la séance d'inauguration du Congrès, les artistes de Turin, sous la présidence de M. le comte di Sambuy, ont fait aux membres du Congrès une cordiale réception dans les salons de leur cercle, brillamment décoré pour la circonstance.

Parmi les notabilités italiennes venues pour faire les honneurs de la maison, nous citerons: MM. Giuseppe Giacosa, Marco Praga, Emilio Treves, Giuseppe Visconti-Venosta, A. Ferrari, Pietro Barbera, etc.

M. le comte di Sambuy prend la parole. Comme président du comité directeur du cercle, il souhaite la bienvenue aux membres du Congrès. Il rappelle les noms des fondateurs de l'Association littéraire et artistique internationale — Victor-Hugo et Meissonier — sous la bannière desquels elle poursuit son œuvre de paix, d'amitié et de fraternité.

M. Pouillet, président de l'Association, remercie M. le comte di Sambuy de ces courtoises paroles et l'assure de son affection et de son admiration pour Turin et pour l'Italie.

M. le sénateur Casana, syndic de Turin, ajoute quelques paroles au nom de la Municipalité, heureuse dit-il, de compter les membres du Congrès au nombre de ces hôtes et la soirée prend fin après la curieuse cérémonie du punch que les artistes de Turin conservent dans toute sa caractéristique tradition.

Excursion dans la vallée d'Aoste.

Le jeudi 22 septembre, à 7 heures 20, un train spécial emporte les congressistes dans l'admirable vallée d'Aoste. Parmi eux, nous remarquons : Mmes Ferrari, Foa, la baronne Nasi Bertole Viale, Rosa di San Marco, Mantea, Mlle Allason, Mme et Mlle Giacosa, Mme et Mlle Sicore, Mme Mary Summer. MM. Luigi Roux, président du comité d'organisation; Compans, Chiera, Bertetti, Dumontel, les frères Vigliardi, l'ingénieur Vicary, représentant le syndic de Turin, les avocats Carlo Nasi, Bocca, Viarengo, Ovazza, Camerano, Maurice Pellegrini, Ferrari, Foa; les ingénieurs Pomba, Boggio, l'éditeur Rosemberg, le comte Gloria, Giuseppe Giacosa, E. Ferrettini, Marco Praga, l'infatigable secrétaire du comité M. Lavini et des représentants de tous les journaux de Turin.

Le train s'arrête d'abord à Verrès. Après avoir visité, sous la conduite de MM. Giuseppe Giacosa, d'Andrade et Bosio, les curieux vestiges du château qui a été classé depuis peu comme monument national, tout le monde se dirige vers le château d'Issogne où un lunch a été préparé.

La collation terminée, les congressistes font le tour des salles du château, toujours sous la direction de leurs deux ciceroni MM. Giuseppe Giacosa et d'Andrade, qui leur font remarquer les meubles anciens, les dentelles précieuses, les fresques retrouvées sous un badigeon de plâtre et leur font sentir quelle somme de travail, de science et de goût a dû dépenser M. Vittorio Avondo, le grand artiste qui s'en est rendu propriétaire, pour accomplir ce chef-d'œuvre de reconstitution du xv° siècle.

Mais l'heure avance et, quoiqu'à regret, il faut partir. M. Pouillet, président de l'Association, remercie chaleureusement M. Avondo de sa magnifique hospitalité au nom de tous les membres du Congrès et le félicite de l'œuvre hautement artistique qui fait de lui le véritable descendant des seigneurs d'Issogne.

Le train part à 2 heures 40 et arrive à Aoste à 3 heures 1/2, après un court arrêt qui a permis aux excursionnistes de jeter un rapide coup d'œil sur le château de Fénis.

M. Chabloz, syndic de la ville d'Aoste, souhaite la bienvenue aux visiteurs. Puis, après une visite aux monuments anciens qui rendent si intéressante cette « Rome des Alpes », tout le monde se retrouve dans la salle du banquet, merveilleusement décorée de verdure, de drapeaux et trophées de chasse par les soins de M. Edoardo di Sambuy, le principal organisateur de la fête.

Pendant le repas la Société philharmonique d'Aoste donne un concert dont tous les morceaux sont vigoureusement applaudis, et particulièrement la marche composée en l'honneur de l'Association par son chef, M. d'Alessi.

Au champagne, plusieurs toasts ont été portés : M. Luizi Roux, président du Comité d'organisation à la ville d'Aoste pour sa cordiale réception ; M. Compans, aux hôtes étrangers, à la paix et à la fraternité.

M. Pouillet dit toute son admiration pour la ville d'Aoste, ses beautés naturelles et ses anciens souvenirs, et termine en remerciant sincèrement M. d'Alessi de la marche qu'il a dédiée à l'Association.

M. Lermina rappelle les noms des collaborateurs dévoués auxquels est due une grande part du succès de ce Congrès : MM. Luigi Roux, de Sambuy, Pellegrini, Cantu, Lavini, Colla, Ricci.

Prennent encore la parole MM. le docteur Engel, délégué des écrivains allemands ; Chabloz, syndic d'Aoste ; Poupinel, délégué du ministre de l'Instruction publique de France, l'ingénieur

Vicary, représentant le syndic de Turin ; Mme Rosa di Sani Marco, MM. Pellegrini, Carlo Nasi, Giuseppe Giacosa et Bianchi.

Tous ces discours, que nous voudrions pouvoir reproduire en entier, ont été vigoureusement applaudis.

Le banquet prend fin à 9 heures 30. Il faut partir.

L'avenue qui mène à la gare est brillamment illuminée, l'effet est ravissant et c'est avec un véritable regret et une sincère émotion que l'on quitte cette charmante ville et ses sympathiques habitants venus en grand nombre saluer les congressistes au départ du train.

Réception du Préfet.

Le vendredi 23 septembre, M. le Préfet de Turin donnait une soirée en l'honneur des membres du Congrès. Le marquis et la marquise Guiccioli, ainsi que leur charmante nièce, ont fait les honneurs de cette réception avec une grande affabilité. Remarqué parmi l'assistance : Mme la comtesse de Beausacq, Mme Pouillet, Mme de Huertas, M^mo la comtesse Ouveroff, Mme Boyer, M^mo et Mlle Sicore, M^mo Wauwermans, M^mo Tasset, M^mo Ferrari, M^mo Foa ; MM. Casana, syndic de Turin, le sénateur Borgnini, le comte di Sambuy, Edoardo di Sambuy, d'Andrade, Cantu, les sculpteurs Canonica et Pozzi, les maestri Bolzoni et Foschini, l'éditeur Trèves, les avocats Zamorani et Pellegrini.

Le buffet était élégamment et finement servi. Cette belle réunion s'est terminée vers minuit.

Banquet Pellegrini.

M. Maurice Pellegrini, l'artiste peintre distingué qui passe une bonne partie de l'année à Paris, et l'un des membres les plus actifs du Comité italien d'organisation du Congrès offrait, le 24 septembre à ses confrères de l'Association littéraire et artistique internationale un grand dîner au Restaurant russe, Parc du Valentin, à l'Exposition.

Les convives étaient au nombre de soixante environ.

Au champagne, M. Pellegrini prononce le discours suivant que nous sommes heureux de pouvoir reproduire *in extenso* :

« MESDAMES, MESSIEURS, CHERS CONFRÈRES,

« Mes parents auraient désiré pouvoir en personne présider à ce dîner, et vous remercier en mon nom de votre visite parmi nous. Mais la santé de ma mère exige des ménagements à ces réceptions mondaines et notre hôtel en ville ne suffirait pas à réunir à une seule table tant de cordialité.

« Merci donc d'avoir répondu si aimablement à mon invitation, et m'avoir donné occasion de répondre un peu à toutes les marques de bienveillante sympathie dont vous m'avez honoré depuis que je suis des vôtres.

« Quand la vingtième session du Congrès de l'Association littéraire et artistique fut fixée à Turin, le comité de réception eut un moment d'hésitation. Après la Suisse, hospitalière toujours, avec ses beautés, toujours nouvelles, de lacs et de cimes éblouissants ; l'Espagne au sang fort, fière toujours, jamais vaincue dans son courage, vous ouvrait ses palais féeriques de l'art hispano-mauresque ; et sans aller plus loin, l'Italie déjà vous avait offert plus d'un de ses plus beaux joyaux de sa couronne aux cent cités. Rome souveraine vous accueillait sur ses collines éternelles. Vous avez vu la majesté du Quirinal ; vous avez admiré la coupole de Saint-Pierre, dorée dans l'embrasement d'un soleil qui, lentement, disparaît sur la voie triomphale après le Monte-Mario. Puis Venise, sérénissime, offrait à vos regards d'artistes et de poètes, ses richesses amassées de l'art grec et byzantin et de ce mélange étrange d'ors brunis par la patine des siècles, et de mosaïques chatoyantes, à l'azur du ciel les ailes du lion de Saint-Marc, semblaient battre, encore non domptées, impératives. Puis Milan vous appelait. Son histoire glorieuse, ses victoires éclatantes, ses arts, ses lettres enfin, tout revivait en vous, tandis que les blanches flammes du dôme semblaient veiller sur la cité et la Lombardie. Puis ce bras charmant du lac de Côme vous rappelait l'auteur des *Fiancés*, et la coiffe argentée, qui auréole la femme de la Brianza, vous faisait revivre Lucia, tandis que le beau gars du village était, pour vous, Renzo. Et Menaggio, et Bellagio, que Catulle aurait ajouté à Sirmion, la perle des péninsules ; et Padoue encore, et l'architecture méditative de sa Chartreuse.

« Turin, avait tout cela à vous offrir, mais rien n'est ignoré et moins grand au sage. M. Eugène Pouillet, dans son salut à Turin, dans l'évocation grandiose de son histoire, aura senti dans le silence passer les mânes glorieuses de l'épopée italienne, que son éloquence faisait tressaillir. Vous aurez porté juste, cher maître ; les traditions se suivent et se renouvellent à Turin. La charte glorieuse qu'un roi moderne parmi les plus modernes avait proclamée et que nous fêtons après cinquante années de vie nationale a porté ses fruits de liberté et de justice. C'est en lettres d'or que notre code civil proclame que « l'étranger est admis à jouir « des mêmes droits attribués au national ». N'est-ce pas votre appel, cher maître, n'est-ce pas cette devise plus complète encore que vous criez : « Rendre l'œuvre intellectuelle de l'étranger, ad-« mise à jouir des mêmes droits attribués à l'œuvre reconnue et « protégée des nationaux ? » C'est à quoi tendent nos efforts réunis, c'est à quoi le Congrès de Turin veut apporter son vote.

« Je bois à l'Association littéraire artistique et internationale et à son président M. Eugène Pouillet. »

M. Pouillet remercie M. Pellegrini de sa gracieuse invitation, qui contribuera à rendre plus vif encore le souvenir de l'hospitalité reçue à Turin.

Prennent ensuite la parole : MM. Lavini, secrétaire du comité d'organisation, et M. Visconti-Venosta, président de la Société italienne des auteurs.

Les congressistes se dirigent ensuite vers la place d'Armes où doit être tiré, à neuf heures, un feu d'artifice. Les applaudissements n'ont pas été ménagés aux artistes pyrotechniciens italiens, qui ont su éblouir les assistants par les plus ingénieuses combinaisons de pièces et de fusées.

Banquet offert par les membres de la Presse.

Le banquet organisé le dimanche 25 septembre au Restaurant russe par la direction des journaux turinois : la *Stampa*, la *Gazzetta del Popolo*, la *Gazzetta di Torino*, l'*Italia reale*, *Il Fischietto*, *Il Pasquino* avait réuni environ cent trente convives, au nombre desquels nous pouvons citer : MM. Luigi Roux, Giovanni Collino, Dante Signorini, J.-B. Ghirardi, Calleri et Cesana, représentant des journaux locaux. MM. Giuseppe Giacosa, Praga, Visconti-Venosta, Tito Ricordi, Sicore, Penso, Pesce, Mascagni, Camerana, Bolzoni, Gloria, Ricci, Bistolfi, Canonica, d'Andrade, le commandeur Pellegrini, Maurice Pellegrini, Foschini, Pomba, Nasi, di Sambuy, Lavini, Cantu, Rosemberg, Roberti, Zamorani-Ferretini, Capra, C. Bersezio, Compans, Bertolli et Ferrero. Le syndic de Turin était représenté par M. l'ingénieur Vicarj.

Le menu, illustré d'un dessin de Carlo Chessa, symbolisant la fraternelle hospitalité de la presse est une véritable œuvre d'art. Les tables, bien disposées, sont ornées avec beaucoup de goût.

Au dessert M. Luigi Roux prend la parole. Il exprime ses regrets de l'accident qui empêche M. Pouillet d'être parmi nous et invite les convives à porter un toast de prompte guérison.

M. Chaumat remercie, au nom de M. Pouillet et de l'Association tout entière, et boit à M. Luigi Roux, à la Presse de Turin et à l'Italie.

M. Lermina parle ensuite comme congressiste et comme représentant de l'Association des journalistes républicains de Paris. Il lève son verre à la Presse et à la fraternité universelle.

Prennent ensuite la parole MM. Visconti-Venosta, Poupinel, Giacosa et Augustin-Thierry.

Tous ces discours sont vivement applaudis par les congressistes qui expriment ainsi leur reconnaissance aux journalistes de Turin qui les ont si bien secondés dans leurs travaux.

Visite à la Superga.

Le lundi 26 septembre, à 4 h. 20 de l'après-midi, une grande partie des congressistes prenaient place dans le tramway qui devait les conduire à la Superga.

Cette petite fête, non prévue au programme et décidée à l'improviste, n'en a pas moins parfaitement réussi.

Le révérend D. Lanza reçoit les visiteurs au seuil de la basilique et veut bien se faire leur guide pour leur en montrer les merveilles et les glorieux souvenirs.

Il leur permet aussi une ascension au sommet de la haute coupole d'où l'on jouit du féerique panorama de la vallée de Turin qui s'étend jusqu'aux derniers contreforts des Alpes.

Les convives se retrouvent ensuite à table. M. Giacosa lit le télégramme suivant qu'il vient d'adresser à M. Pouillet :

« Vos congressistes réunis ce soir à la Superga regrettent leur président aimé et lui adressent leurs vœux les plus ardents ! »

Cette touchante attention est accueillie par les applaudissements les plus enthousiastes.

M. Ferrari remercie le révérend D. Lanza de son bienveillant accueil.

Banquet de la Municipalité à la Stupinigi.

Les fêtes en l'honneur du Congrès littéraire et artistique ont été closes le mardi 27 septembre par un superbe banquet offert par la Municipalité de Turin, au château de la Stupinigi.

A la table d'honneur avaient pris place MM. Casana, Syndic, Luigi Roux, Chaumat, Desjardin, Maillard, Wauwermans, de Rolland, Osterrieth, Giacosa, Tito Ricordi, Mmes de Beausacq, Wauwermans, Sicore, Ferrari, la baronne Nasi et Teresina Tua.

Aux autres tables : le comte Revel, Badini, Vicay Ceriana, Ceppi, Rora, Nasi, Galleani, Berruti, Gamba, Audiffredi, Deregibus Palestrino, Dumontil, Scarfiotti, Rinaudo, Praga, Bistolfi, Canonica, d'Andrade, Caselli, Testera, Prinetti, di Sambuy, Pomba, Camerana, Lavini, Roberti, Bocca, Rosemberg, Pozzi, Ricci, Ferrettini, Cantu, Valetta, d'Ovidio, Amar, Sicore, Penso, Pesce, Compans, Chiesa, Biscaretti.

A la fin du repas plusieurs orateurs prennent la parole : MM Casana, Chaumat, Desjardin, Wauwermans, Osterrieth, Ferrari, de Rolland, Parodi, Harmand, Pellegrini, Pesce, Nasi et Poinsard.

M. Edoardo di Sambuy prie ensuite les assistants de vouloir bien se grouper sur les marches du perron monumental et en prend une photographie fort réussie qui perpétuera dans la mémoire des membres du Congrès le souvenir des hôtes qui les ont si magnifiquement reçus.

De prochaines communications seront adressées aux membres de l'Association au sujet des Congrès de 1899 et 1900.

8035. — Paris, Société anonyme de l'imprimerie Kugelmann, 12, rue Grange-Batelière. G. Balitout, directeur.

www.ingramcontent.com/pod-product-compliance
Lightning Source LLC
LaVergne TN
LVHW020947090426
835512LV00009B/1759